早稲田教育叢書
18

多文化教育の研究

ひと，ことば，つながり

朝倉　征夫

［編著］

学文社

まえがき

　本書は，早稲田大学教育総合研究所の4年間にわたるプロジェクト研究の成果を著したものです。本書はつぎのような目的で書かれております。

　日本社会の国際化は，産業，経済，文化，教育などから，日常の地域社会における私たち個人の生活のなかまで急速に進んでいます。身の回りを見渡せば，衣類，生鮮野菜，魚類，肉類などを含む食品，住宅，電化製品，パソコン，自動車，自転車，子どもの玩具に至るまで，純粋に日本一国内でつくられたものは見当たらなくなりました。個々人をみても，海外から訪れる外国籍の人々が多くなりましたが，日本国籍をもつ人々のなかにも民族，文化，言語を異にする人々が急速に増えています。他方，海外へ出かける人々も多くなり，なかには老後の生活を年金で海外で送り，時々帰国するという人々も稀ではなくなりました。日本の社会は，文字通り多文化多民族化するとともに，日本人の訪問相手国をも多文化多民族化しているのです。このような状態のなかで，互いに摩擦を生むことなく共存していくには，私たち自身の，また，新しく出会う人々の文化やそれへの対応のあり方を考えていくことを避けるわけにはいきません。たとえば，日本に住む異なる文化，言語をもつ人々にとって，生活のための日本語を身につければよいということではすまなくなっています。とくに子どもの場合には，識字はどの言葉によるのか，母語はどうするのか，その母語が自国の少数民族語であればどうなるのかなど，多くの問題が存在します。もうひとつ例をあげれば，高等学校や大学の入試に英語が課されるのは，きわめて普通のことですが，このために外国人留学生が日本の高等学校，大学を受験しようとするときわめて困難な問題に直面します。中国からの留学生を例に取ると，現在北朝鮮からの脱出者の問題で注目を集めている朝鮮族自治区の朝鮮族の人々は，母語が朝鮮語，第二言語が中国語，留学のために学ぶ日本語

は第三の言語になるのです。もし，私たちが異なる文化，言語をもつ人々との共存をしようとするなら，文化的，言語的権利を認めることを避けることはできません。もしそうなら，学んでいない言語を留学生に課すことは理不尽なことになります。そして，もし入試に英語を課さないのであれば，英語を必修とする高等学校，大学のカリキュラムは改められる必要があると考えられます。

言語ひとつをとってみても，問題は大変多く，複雑でデリケートです。これに文化の問題が加わり，いっそう複雑，デリケートなものになります。多文化教育は，このような問題に正面から取り組む民主主義的な文化的多元主義にもとづいた教育です。本書は，現在生じている問題に直接答えを出すことを目的にはしていないのですが，その手掛かりとなる原理を模索し，わかりやすく表したものです。

構成は，第1章　総論，第2章　日本，第3章　アジア・オセアニア，からなっています。第1章では，多文化教育の概念，論点，さらに子どもの問題を素材に教育がもつ文化変容について論じています。第2章では，大学開放，大学における授業，手話ネットワーク，看護職キャリア教育，アイヌ民族教育，華僑教育，地域日本語教育，及び成人のための日本語学習を柱に，多文化教育の視点から日本の教育を論じています。第3章では，台湾における必修教科書『認識台湾』をめぐる論争，朝鮮植民地期の言語教育政策，インド教育の言語とカリキュラム，オーストラリアの歴史教科書にみる文化的価値，アボリジニ語学習を柱に，多文化教育の視点からアジア・オセアニア地域の教育を論じています。

本書をお読みいいただければ，多文化教育とはいかなる教育か，概念，論点，文化変容のもつ問題，日本，アジア・オセアニア地域における多文化教育の実践と課題などがおわかりいただけることと思います。

本書は，大学で教育学を学ぶ学生諸君のテキスト，副読本として，学校教育や社会教育の実践の場で異なる文化，言語をもつ人々を迎えたときの参考文献として，またP.T.A活動などにご利用いただければ幸いです。もちろん，既

述のように本書は4年間にわたる研究の成果です。粗削りですが,研究書としての十分な価値をももつものと考えます。ご一読いただき,ご批判を賜ればとても幸せに思います。

　なお,本書は,早稲田大学教育総合研究所の叢書として発刊され,早稲田大学より出版助成を受けました。早稲田大学及び教育総合研究所に対して心からお礼申し上げます。

　また,出版を快諾し,短い期間に刊行にまで漕ぎ着けるべくご努力いただいた学文社社長,田中千津子氏,および中谷太爾氏に心からの感謝の意を表します。

　　　　　　　　　　　　　　　　　　　　　　　編著者　朝倉　征夫

目　次

第 1 章　総　論

第 1 節　多文化教育の概念と論点 ［朝倉征夫］ ──────2
　1. 多文化教育の概念 ………………………………………………3
　2. 多文化教育にかかわる論点 ……………………………………5

第 2 節　文化変容下の教育 ［米村健司］ ──────13
　1. 〈まねび〉〈まなび〉〈ならう〉からの自己の二重化の働き ………14
　2. 通過儀礼からみた文化システム ………………………………17
　3. 「名づけ」と自分作りの失敗 …………………………………19

第 2 章　日　本

第 1 節　多文化的視点からみた日本の大学開放の課題 ［内山宗昭］ ──────24
　1. 大学改革と大学開放施策 ………………………………………25
　2. 大学開放の条件整備にかかわる可能性と課題 ………………27
　3. 大学開放と「情報化」…………………………………………29
　4. 大学開放における方法的課題 …………………………………30

第 2 節　大学授業における多文化教育の視点 ［辻　智子］ ──────33
　1. 授業概要 …………………………………………………………34
　2. 履修者にとっての授業 …………………………………………35

3. 大学授業における多文化教育の視点 …………………………………………39
　　　　3-1. みずからの学校体験・教育経験を対象化・相対化する　39
　　　　3-2. みずからが属してきた社会の歴史を知る　40
　　　　3-3. 人と直接的に出会う　41

第3節　手話ネットワークの動態 [坂内夏子] ─────────────────43

　　1.「障害」「障害者」の捉え直し ………………………………………………44
　　　　1-1. 障害者差別禁止法制化に向けて　44
　　　　1-2. 障害学（ディスアビリティ・スタディーズ）からの問いかけ　45

　　2. ろう文化運動 …………………………………………………………………47
　　　　2-1. 言語と文化の独自性の標榜　47
　　　　2-2. 手話の認知と普及　48

　　3. 音声言語（口話）化イデオロギーをめぐって ……………………………49
　　　　3-1. 手話か，口話か　49
　　　　3-2. 人工内耳の問題　51
　　　　3-3. 言語権という視点　52

第4節　「ケア」意識の発達とジェンダー
　　　─看護職キャリア教育へ向けて─ [荻野佳代子] ───────────54

　　1.「ケア」の概念 …………………………………………………………………55

　　2.「ケア」とジェンダー …………………………………………………………57
　　　　2-1.「ケア」意識の発達とジェンダー　57
　　　　2-2. 看護領域における「ケア」の研究　58

　　3. 感情労働としての看護職 ……………………………………………………59
　　　　3-1. 感情労働とは？　59
　　　　3-2. 感情労働のコストとしてのバーンアウト　61

　　4.「ケア」意識の発達とキャリア教育の可能性 ………………………………62

第5節　アイヌ民族と教育
　　　─先住民族の歴史・言語教育の再考─ [上野昌之] ─────────64

　　1. アイヌ民族の歴史と歴史教育 ………………………………………………66

　　2. アイヌ語とアイヌ語教育 ……………………………………………………69

3. 「アイヌ文化振興法」と先住民族の権利 …………………………………70

第6節　日本における華僑学校教育の多様化に関する一考察
　　　　―社会的背景の変化と華僑学校教育の多様化―［裘　暁蘭］――――74

　1. 日本の華僑学校 ……………………………………………………………76
　2. 華僑学校を囲む社会的環境の変化 ………………………………………77
　　2-1. 日本社会の多文化多民族化　77
　　2-2. 在日華僑社会の多元化　79
　3. 華僑学校教育の多様化 ……………………………………………………82
　　3-1. 生徒の多様化　82
　　3-2. 多彩な教育内容　83
　　3-3. 国際視野をもつ教育方針　83
　　3-4. 教職員の多様化　84

第7節　地域日本語教育に求められるもの［広崎純子］――――――――86

　1. 従来の日本語教育に対する批判的検討 …………………………………87
　　1-1. 社会教育の分野における議論　87
　　1-2. 日本語教育の分野からの批判　88
　　1-3. 社会言語学の分野からの批判　89
　2. 日本語テキストにおける学習者と母語話者の関係性 …………………90
　　2-1. 地域日本語教室で用いられる日本語テキスト　90
　　2-2. 会話場面の発話意図からみる日本語学習者と日本語母語話者の関係性　90
　3. 地域日本語教育にもとめられるもの ……………………………………94

第8節　地域の国際化と日本語学習（成人）
　　　　―三多摩地域の状況から―［相沢文江］――――――――――――96

　1. 国際化にともなう事業・組織 ……………………………………………97
　2. 国際交流等を目的とした事業の取り組み ………………………………99
　3. 社会教育における国際交流事業・日本語学習 ……………………… 102
　4. 昭島市公民館の国際交流・国際理解講座 …………………………… 103
　5. 外国籍住民の学習とこれからの社会教育 …………………………… 104

第3章 アジア・オセアニア

第1節 教科書論争にみる台湾の多文化教育の問題
―『認識台湾』をめぐって―［楊　武勲］——————————108

1. 多文化教育と教科書『認識台湾』………………………………109
   - 1-1.「族群問題」を中心とした多文化教育　109
   - 1-2. 教科書と多文化教育　110
2. 族群関係にみる『認識台湾』の論争 ……………………………111
   - 2-1. 族群の分類と多文化社会の発展　111
   - 2-2.『認識台湾』における「多文化」的表現　112
3. 教科書にみるヘゲモニーの構造と実践上の問題 ………………116

第2節　朝鮮植民地期の言語政策に関する考察
―学校教育のなかの日本語教育を中心に―［李　坪鉉（イ　ホヒョン）］——119

1. 日本の朝鮮植民地における言語政策の変遷 ……………………120
2. 日本語と朝鮮語の授業時間数と日本語普及状況 ………………124
3. 日本語普及政策に関連した朝鮮民族の抵抗 ……………………125

第3節　多文化教育からみたインド社会における教育
―言語、カリキュラムをめぐって―［末永ひみ子］——————129

1. インドにおける多文化教育の視点とその源流 …………………130
2. 言語の階層性 ………………………………………………………133
3. ナショナルカリキュラムと教科書問題 …………………………136

第4節　オーストラリア歴史教科書にみる文化的価値
―多文化教育とクリティカル・ディスコース分析の接点―［渡辺幸倫］——139

1. 批判的識字力とクリティカル・ディスコース分析 ……………140
2. クリティカル・ディスコース分析の方法 ………………………141
3.「近代オーストラリア史」教科書の分析 ………………………144

第5節　多文化教育としてのアボリジニ語学習
　　―西オーストラリア州の教育実践から―　**[前田耕司]**　————149
　　1. 西オーストラリア州の先住民族諸語とアボリジニ語学習導入の背景　………151
　　2. 西オーストラリア州におけるアボリジニ語学習の組織化と教育実践　………153
　　3. アボリジニ語学習の実践校の事例から　……………………………………156

補　　注　162

索　　引　177

第1章

総論

第1節　多文化教育の概念と論点

　多文化多民族社会を迎えて，日本の教育もその実践において少しずつではあるが，学ぶ者の文化，言語の問題，それらと学力の関係などが意識され，取り組みが開始されている。しかし，実践におけるこれらの取り組みのなかには，必ずしも十分に学ぶ者の存在に足場を置いているとはいえない試みも存在している。さらに，多文化教育を含めて，国際理解教育，開発教育，異文化理解あるいは異文化交流教育などの新しい用語があふれ，どのように考えるべきか迷わざるをえない状態である。そして，言語，文化の異なる少数者に対して，マジョリティにとってより理解しやすくふるまうべきであるという主張も存在する。そこでここでは，多文化多民族社会において学ぶ者の文化的言語的権利を土台に組み立てられる多文化教育について，その概念と論点を掲げて考察の一

助とすることを試みたい。

1．多文化教育の概念

　多文化教育とは，どのような教育であるのかといえば，それは民主主義的な文化的多元主義に立脚しているといわねばならない。いくらか冒険的に述べれば，この民主主義的な文化的多元主義の考え方は，H. カレン（H. Kallen）らによる多元主義の理論が1960年代のアフリカ系アメリカ人を中心とする公民権運動の動乱を経て70年代に入って再定義化，体系化された[1]ものである。この背景には，アフリカ系アメリカ人を中心とするマイノリティによるアングロ文化への同化政策，あるいは分離しかし平等政策，職業上の天井などへの厳しい挑戦があった。その挑戦の下敷きには，いかなる人種，民族，集団も固有の文化を保持することができる権利，すなわち，その人種，民族，集団に属する人々の文化，言語，民族性などに関する権利を認め，その存在を許容する文化的多元主義にもとづく社会が思い描かれていたのである。彼らは，文化，言語による差別に抵抗し，全ての文化，言語の平等な処遇をもとめて民主主義的な文化的多元主義を支持した。なかでも人生を大きく左右する学校を含めた教育機関の変化をもとめたのである。このような民主主義的な文化的多元主義に応えた教育のあり方とそのための改革の運動を含めたものが多文化教育である。この場合，文化の平等な処遇をもとめる民主主義的な文化的多元主義は，その社会の政策決定に深くかかわる支配的文化と政策決定から相当に距離をおく被支配的文化，あるいはその中間にある文化のいずれであれ，その価値において同等であることを認め，したがって，その存続を可能とするシステムをともなった考え方である。このような考え方は，文化，言語の保持，使用の権利として国際条約化され，日本も批准している。「国際人権規約B規約」第27条および「子どもの権利条約」第30条がそれである。文化，言語の保持とその使用が国とその領土に住む人間との間の契約事項である権利として規定された理由は，いかなる文化，言語であれ，同化要請や剥奪によってその保持と使用が制

限されたり，不可能になるとき，その文化，言語を保持する人々の間にアイデンティティの危機が生じるからである。アフリカ系アメリカ人を始めとするマイノリティに属する多くの人々がこのアイデンティティの危機に直面してきた。このような文化，言語にかかわる同化要請や剥奪などの過ちを避けるために民主主義的な文化的多元主義にもとづく教育，すなわち，多文化教育が考え出されたのである。したがって，多文化教育は，いかなる人種，民族，集団に属していようとも，その属する人々の文化，民族性などに関する権利を認め，その存在を許容する社会，そのような社会のあり方を前提にして，教育における経営，カリキュラム，教員組織，学習集団（たとえば，学級集団など）の組織化がはかられるとともに，現在ある教育については民主主義的な文化的多元主義の視点から修正，あるいは再組織化することによって進められる教育である。具体的には，それぞれ異なった文化，言語をもつ人種，民族，性，社会階級に属したり，障害をもつ人々がもつ多様な能力を伸ばすべく，成人，子どもにかかわらず平等な学習の機会を保証し，学力の向上をめざし，自分とは異なった集団とそれに属する人々の文化的特徴を認識し，支配文化，ないし自己の文化との異なりを欠陥としてではなく異なりとして受け止めることが可能な前向きの態度を育てる教育である。また，同時に文化的多様性を重視し，しかし，それとは相反する方向性をもつ社会的まとまり，社会的結合を強く志向する教育である[2]。このような教育は，世界的平和や，マイノリティに属する子どもたちのエンパワーメント（empowerment）につながる教育でもある。社会的な見方からすれば，文化的多様性という遠心的な，すなわち，社会的に分離する方向性と，社会的まとまり，結合をもとめるという相反する方向性をもつ特徴的な教育である。したがって，多文化教育とは，多様な文化をもつ社会において進められる多様な学習者を対象にする教育の状態を示すタームではなく，明確な目的をもつ教育の概念を意味しているのである。

2. 多文化教育にかかわる論点

　多文化教育は，既述のようにきわめて特徴的な教育であるから論点とすべきところは多い。しかし，多くの論点について論じる紙数は無いので，つぎの６点について論じたい。① 多文化教育と国籍の有無，とくに無い場合の問題，② 民主主義的な文化的多元主義にもとづいて文化的，言語的権利を実現する多文化教育と異文化理解との関係，言葉を換えれば，理解困難な文化，言語の存続についてはどのように考えるべきか，③ 多文化教育と民主主義的文化的多元主義社会実現との関係，つまり，多文化教育は民主主義的な文化的多元主義社会の実現のための手段か否かの問題，④ 多文化教育は文化的多様性を促進する教育であるが，異なる文化，言語をもつ子ども，成人を教えることの便宜上から基本的に分離して教育を進めることの問題，⑤ 形成される人格的アイデンティティの問題，⑥ 人種，民族による先天的能力とＩＱ及び学力テストの成績，社会的役割分担，についてである。

　① 多文化教育を進める場合の国籍の有無，日本の場合であれば教育を受ける子どもあるいは成人学習者の日本国籍の有無は，とくに無い場合はどのように扱われるのか。

　人権にかかわる国際的動向は，国籍中心主義から居住中心主義へ移行する大きな流れを形成している。人権という観点から，一国を世界というひとつの国のなかの地方自治体のように考え，世界市民は地方自治体にあたるどの国に居住しても市民としての人権を実現できるという考え方である。交通・輸送手段の飛躍的な発達にともなって世界経済は一体化し，貿易，ビジネス，観光旅行などによる物流，人的交流はいっそう盛んになっている。それに加えて，移民，独裁者による迫害，戦争，民族紛争などによる難民など，国境を越える人々の流れは，さらに増えつつある。問題は，国境を越えたとたんに入国した国の国籍をもたないために人権が存在しなくなったり，人権の枠組みが変わることによって厳しい不利益を受けてしまうことである。入国査証なしで入国しようと

すれば通常は拘束され移動，居住の自由権，教育の権利，働く権利など多くの権利が制限されたり，剥奪される。しかし，入国査証があっても権利の一部がその実現のさいに制約，剥奪される場合も多いのである。そこで，少なくとも入国査証があれば，その国の国民の権利とほぼ同等の権利をもつことができるようにしようという考え方が人権にかかわる居住中心主義の考え方である。外国籍人口が自国籍を有する人口を上回るいくつかの国，日本のように血統主義をとる国などを除いて，相当数の国が人権に関して居住中心主義を採用しつつある。若干の制限付きではあるが国政選挙における外国籍の人々の選挙権を認めている国も珍しくはない。日本にもどれば，日本国籍の有無にかかわらず誰でも文化的，言語的権利の実現が可能でなければならない。権利は単に概念を意味するものではなく，実現のためのシステムをともなう必要があるから，システムが存在しなければそれをつくらなければならないし，不十分であれば改めなければならない。日本国籍をもたない子どもの義務教育にかかわる教育の権利，成人の学習の権利の実現のためのシステムづくりは，文化的，言語的権利の実現の基盤になるものであるから，急がねばならない。しかし，人権に関して居住中心主義がとられたとしても，日本という国の枠組みが消え去るわけではない。教育においてもまた，国民教育の枠組みを修正はしても捨て去るべき，あるいは捨て去ってよいということではない。一国の枠組み，国民教育の枠組みを外してもその領上に住む人々が安全に平和に生活できるほど国際社会が成熟しているわけではないからである。人権に関する居住中心主義や多文化教育の採用と，国民教育の枠組みを維持することとは決して矛盾しないと考えられる。

　② 多文化教育は，民主主義的な文化的多元主義にもとづいて文化的，言語的権利を実現する教育であるが，その場合，異文化理解との関係，言葉を換えれば，理解困難な文化，言語の存続についてはどのように考えるべきか。結論的に述べれば，文化に対しても人間の個人と同様に固有の価値を認めることを基本的な原理とするから，理解困難な文化であっても，議論の余地のない価値

をもつものとして認めるべきであると考えられる。なぜなら，理解できるからその文化の存在価値を認めるのではない。もしそうであるなら，理解できるものしかその存在の価値を認めることができなくなる。人間の個人の場合を考えてみると，お互い何を考えているか理解できないとしても相手の存在，生存，価値を否定することはできない。同様に文化についても，自分の文化，あるいは他の文化とは異質で，理解できない，あるいは理解が難しい文化であってもその存続を互いに認めるべきであると考えられる。しかし，すべてにこの原則を適用できるわけではない。例外が存在すると考えられる。これも人間の個人の場合と同様で，その文化が特定の民族，集団，個人を差別，抑圧，迫害するような場合は例外と考えられる。たとえば，女性の割礼を実行したり，従属を強制するような場合に，それはその民族特有の文化であり修正をもとめれば文化における民主主義の原則に反するのではないか，とも考えられる。しかし，このようなケースでは，二つの理由，すなわち，ひとつは，固有の価値，人権をもつ個人であっても犯罪を犯せば拘束され，裁判によって刑務所に収監されるなど，人権の相当部分が制約されること，もうひとつは，もともと民主主義的な文化的多元主義はマリノリティ，すなわち，政策決定の場から遠く影響力の弱い人々の文化が支配的な文化によって同化，抑圧，剥奪，排除されたり，迫害されて消滅することを防ぐために，言い換えれば，抑圧や迫害からマイノリティを守るために考え出された原則であること，から女性の割礼や従属を強制する文化については，割礼や従属にかかわる価値観，行動の基準，メカニズムについては認めることができないと考えるべきである。人権については居住中心主義であるから，それは特定国に在住する人々の文化についてのみならず，国境を越えたところに住む人々，すなわち，どの国，どの地域の人々にも適用されねばならないと考えられる。そのような文化をもつことによって生じる肉体的苦痛，差別，抑圧，迫害は人道に対する犯罪であり，その文化をもつ人々が住む国の国内問題とは言えないと考えられる。このような例外をもつとは言え，多文化教育は，理解できない，あるいは理解が難しい文化であっても，固

有の価値とその存続を認めることを前提にし，また，この前提を可能にする教育である。その点で，多文化教育は，異文化理解を重要なものとするが異文化理解教育とは相当な異なりをもっていると考えられる。

③ 多文化教育と民主主義的文化的多元主義社会実現との関係，つまり，多文化教育は民主主義的な文化的多元主義社会の実現のための手段か否かという問題がつぎの論点である。このことについて意識的に論じた文献を発見することはできなかった。しかし，多文化教育についてのラジカル派で多人種教育を主張する M. サラップ（M. Sarup）や，J. リンチ（J. Lynch）の場合には，明らかに多文化教育の目的として，社会改革，あるいは社会秩序の維持を位置づけている。サラップは，社会的，経済的被抑圧者，なかでも労働者階級とそれに属するアフリカ系アメリカ人の解放を[3]，リンチは，社会的結合の維持と文化的多様性の促進，及び両者の調整[4]を多文化教育の最終目的としている。言い換えれば，多文化教育はそれら最終目的の手段と位置づけられているのである。教育の目的が教育の過程の外でつくられ，教育がその目的実現のために手段化されるとき，その目的にそわない部分は教育の過程から削ぎ落とされ，教育は自由の無い硬直化したものになる。たとえその目的が社会的に望ましいものであったとしても，学習や子どもの評価は子どもの成長発達ではなく，望ましいその目的にどれだけ近づき，役立つかが基準になる。つまり，社会的，経済的被抑圧者の解放は重要であるが，知的，肉体的障害や，何らかの理由で解放に役立つ力をもつことができない子どもがいれば，その子どもの評価は低くなることがあっても，高くなることはないにちがいない。教育が手段化した場合，教育のあり方は手段としての領域から出ることができず，狭く，硬直化し，最終的には，子どももその目的実現の手段と化され，手段としての価値のみが評価されるのである。そのもっとも典型的な例は，日本の第二次世界大戦前・中の教育である。当時の国家目的である富国強兵政策は教育の目的としても位置づけられていた。この目的を達成するために，教育は，すなわち，学校，教師は，児童，生徒を強い兵士に育てるべく努力した。識字力の育成，識見，精神

的，肉体的発達のいずれも，強い兵士となるためのものであった。兵士に役立つ能力は評価が高く，そうでない能力の評価は低く，その成長は期待されなかった。卒業して成人した若者は招集され戦場で戦い，その多くが華と散ったのである。教育が国策遂行の手段となることは，そこで学ぶ子どもたちもまた手段化することを意味している。多文化教育と民主主義的な文化的多元主義社会の実現との関係は，主と従の関係にあるのではなく，両者は世界観的同一性，つまり，同じ世界観をもち，両者がともに自立してみずからの世界観の実現に努力すれば，多文化教育も，民主主義的な文化的多元主義社会も必然的に実現すると考えるべきである。このような観点，すなわち，教育の自立という観点からみれば，差別をなくすという社会的，政治的公正さに向けての建設的な変化は多文化教育の結果としてもたらさなければならないとするE. B. ボルド（E. B. Vold）の考え[5]は，きわめて適切である。

④ つぎの論点は，文化的多様性を促進する多文化教育は，教えることの便宜上から異なる文化，言語をもつ子ども，成人を基本的に分離して教育を進めるべきか否かということである。この論議は，多文化教育は異なる文化，言語をもつ子ども，成人を異なる文化集団に分離して，しかし平等を保持して教育を進めるべきか，それとも多少の分離はあっても原則としてひとつの教育として進めるべきか，という問題である。結論的に言えば，多文化教育は，基本的にはひとつの教育[6]であるべきと考えられる。その理由のひとつは，1960年代米国の民族学習運動における失敗である。この運動では，各民族集団がもつ民族文化のコースを選択コースとして設置したが，その結果は，選択者は自分が選択した民族文化について十分な理解を得ることができたが，それ以外の文化の理解の機会を失ったのである。それに加えて，当該コースの選択者の大部分がその民族文化に属する児童，生徒であったから自己の文化に強い誇りと優越感をもったが他の文化への理解と配慮ができず，学校，ないし学級集団としてのまとまり，結合が実現しなかったのである。それはそのまま地域社会のまとまりの無さ，分裂につながっていった。したがって，多文化教育は，若干の

例外を除き多様な文化を反映し，それぞれの文化を固有のものとして尊重したひとつの教育であるべきと考えられるのである。1970年代に急速な多文化多民族化に見舞われた英国における「多人種学校」の試み[7]もまた，多様な文化の尊重に教育の基盤をおいているが「分離，しかし，平等」の教育を退け，ひとつの教育を主張している。なお，例外とは，支配言語が不十分な学習者のために設けられる支配言語の教育，放置されれば失われる恐れがある母語の維持，発展のための母語の教育などである。これらについての詳述はつぎの機会としたい。

⑤つぎの論点は，「多文化教育は異なる文化が一つの優位の文化に融合することをめざすのではなく，双方の修正によって二つ以上の文化的体系が調和し特徴ある文化が発展し，それにともなって新しい人格的アイデンティティが生じることをめざしている」という考え方をめぐっている。このような考えは，Cultural Pluralism, Democracy And Multicultural Education（B. B. Cassara 編集，*Adult Education in a Multicultural Society.* 1991）を著した Y. ペイ（Y. Pai）などに代表される考えである。ペイによれば多文化教育は，支配あるいはマイノリティの文化を問わず，新しいアイデンティティが生み出される過程である。そのために，教育は互いの文化を尊重して組み立てられる。ペイは新しい人格的アイデンティティについて，アメリカ社会に育つアジア系アメリカ人の若者を取り上げている。若者は，儒教的思想による年長者への絶対服従の習慣を捨て，自分で物事を決めるようになるだろう。彼は他のアメリカ人のように自己中心的ではなく，他者との関係性のなかで思考を進めるだろう。彼はもはやアジア人ではなく，白人アメリカ人の模造でもなく，新しく出現したアジア系アメリカ人である。ペイにみられるこのような考え方は，異なった文化が異なったままで共存することを許容する民主主義的文化的多元主義に反していること，教育において人格的アイデンティティにかかわる変容をめざせば，教育評価のために変容のレベルが指標化，計量化されること，文化的変容を拒否する者，変容困難な文化をもつ者は低く評価される可能性が高くなること，新しい人格的

アイデンティティへの変化が望ましいものとされ同化要請が強まること，固有の文化が消滅する可能性があることなどから，ペイらの考え方は，多文化教育のあり方としては危険がともなうと考えられる。

⑥ 人種，民族によって先天的な能力の違いがあり，それが学業成績，社会的役割，貧富，職業などを決するか否かの問題である。この問題はここで論じるにはあまりに重い。しかし，多文化教育は，学業成績，社会的役割，貧富，職業などを決するのは，先天的な能力の違いではなく文化，言語，民族などによるさまざま差別，つまり環境によって決せられてきたという考え方にもとづいて組み立てられた教育であることを確かめておかなければならない。人間の社会的なあり方が人種，民族集団がもつ先天的な能力によって決まるという主張はきわめて根強く，アメリカ合衆国においては，ヨーロッパ系アメリカ人とアフリカ系アメリカ人との間の問題，とくに両者間のIQテスト，アチーブメント・テストの成績の差の要因についての論議によく表れている。その差の要因を遺伝的なものとする考え方は，人種，民族間の犯罪率の違い，貧富の差についても人種，民族の遺伝的能力，素質によるものとしている（The Bell Curve. 1994.など参照）。このような考え方にもとづけば，能力別教育，分離教育は当然のことになる。

しかし，分離や差別を避けることを追求してきた多文化教育からみると，人種，民族の間にみられるこれらのテスト結果の差についての説明は，遺伝的能力原因説よりは環境要因説による方がより自然である。この環境要因説は，簡略に述べれば，つぎの三点からなる。① 文化，言語の異なり，② 教育アスピレーション，③ ガラスの天井の存在，である。①は，支配的な文化によって組織された学校の文化と自己の文化との重なりの少なさに起因して，マイノリティは学習内容を理解し習熟するために支配的な文化，言語をもつ者よりもより大きな努力が要求されること，多くの場合その努力を妨げる貧しい経済的状態が存在すること，支配的な文化，言語を受け入れ習熟するためにみずからのアイデンティティの危機にさらされること，そのために学習の進度は遅れ，学

力テストの成果は低下すると考えられている。ＩＱテストは学力テストに連動しており，必ずしも遺伝的な能力を客観的に反映しているとは考えられていないのである。②の教育アスピレーションは，③のガラスの天井と連動している。アフリカ系アメリカ人のようなマイノリティの場合，その多くにとって，優れた学業成績を獲得し高等教育を修了してもみえない職業獲得の天井（job ceiling）が存在していて，ホワイトカラーに属する職業獲得は絶望的である。したがって，アフリカ系アメリカ人のようなマイノリティの教育アスピレーションはきわめて低く，それは親から子へと伝えられる。当然，ＩＱテスト，学力テストの成果がもつ意味は低く，テストへの関心は低下し，成績向上への意志は弱くなる。このように，テストの点の開きが環境的要因によるものであると考えれば，人種的，民族的に異なる社会的役割分担や職業，貧富の差などが遺伝的能力にもとづくとするには無理が生じる。天が定めた人種，民族による役割分担などありえない，というのが多文化教育における考え方である。

　以上，6点の論点を掲げた。多文化教育を考えるさいの素材になれば幸いである。

第2節　文化変容下の教育

　1997年に起こった「神戸連続児童殺傷事件」は,「14歳」の少年Aによる犯罪であった。「酒鬼薔薇聖斗」と名のった少年Aの「犯行声明文」にはつぎのように記されていた。「これからも透明な存在であり続けるボクを,せめてあなた達の空想の中でだけでも実在の人物として認めて頂きたいのである[1]」。こうした言葉に多数の同世代の子どもたちが,少年の行動は許すことはできないが,そのような気持ちは理解できるとした[2]。その後「佐賀バスジャック殺人事件」「愛知県西尾市ストーカー殺人事件」の凶行をおこなった10代の少年たちは,ともに「酒鬼薔薇聖斗」への共感を書き残している。
　一方で,「神戸連続児童殺傷事件」における痛ましい被害者のひとりである土師淳君の父親の土師守氏は「この類希な凶悪な事件を起こした少年が,いっ

たいどのような家庭環境でどのように育てられたのか。どのような社会的な環境で育ったのか。何が原因で，あのような人間性が形成されたのか。これらのことは，本当に十分に検討する必要があると思います[3]」と述べている。

本節では，ここにある「どのような社会的な環境で育ったのか。何が原因で，あのような人間性が形成されたのか」を多文化教育の視点から考察していく。多文化教育は，言語，宗教，生活様式等の維持あるいはその使用，つまり「アイデンティティ保全の権利を前提[4]」にしておこなわれるものである。また，多文化主義についての議論のなかでもC・テイラーは「アイデンティティとは……人間として持つ根本的な明示的諸性格についての理解といったものを意味する[5]」ということから論述をはじめている。

そこで，1.の項ではアイデンティティの形成，つまり「人間性の形成」を自他関係における「模倣」から考える。2.では，象徴体系としての「文化」を中心に論じることから，なぜ「透明な存在」が大きな「共感」を呼んだのかを検討する。3.では，「犯行声明文」を読み解くことによって人間形成と同時にヒトを「人となり」にする過程についても考える。

1.〈まねび〉〈まなび〉〈ならう〉からの自己の二重化の働き

人間が社会化され人間性を獲得するためには，「そのための窓口となる特定の『人物』が必要である。この窓口は，人間の場合には人間でなければならない[6]」。つまり，誰かをモデルとした鏡を必要とする人間とその文化の基底をなすものとは「制作とひいては模倣再現の営み」である。その「模倣再現」について坂部恵はつぎのように読みといている[7]。

① 模倣再現のいとなみは，単なる動物的行動と区別された人間の〈おこない〉〈わざ〉ないし〈ふるまい〉を特徴づけるものであり，まさに人間は模倣再現である〈ふり〉を不可欠なものとしている。② 模倣再現のわざは，学習，すなわち〈まなび〉〈ならう〉ことの基礎をなすものにほかならない。これは〈第二の自然〉とも称される〈ならい〉の世代から世代へかけての伝承・継承の根底にも，

第2節　文化変容下の教育

〈ならう〉こと,〈まなぶ〉こと,〈まねぶ〉ことという,いわば自己の二重化の働きが存することでもある。③ 模倣再現に接して万人がよろこびを感ずるということは,模倣再現のわざとしての人間の〈ふるまい〉が本質的に〈あそび〉の契機を含むことを示す。つまり,① は自然―文化の関係に,② は他者―自己の関係に,③ は目的―手段の関係にかかわるのであるが,これからの検討で軸となるのは ② である。

J・H・ミードは同一性の形成を me と I との関係から考察している[8]。me という言葉が表しているのは,子どもが自分に対して一般化された他者の期待を受け入れ,つまり「模倣再現」が内面的行動コントロールのシステムを構築するさいに取る視座である。社会的役割を内面化していく途上で,しだいに統合されていく超自我の構造が形成される。この構造によって行為者は,みずから規範的な妥当要求を志向することが可能となる。この超自我― me ―と同時に自我 I,すなわち本人だけが特権的に近づきうる体験の主観的な世界が形成される。こうしたことを坂部は先の ② からつぎのように述べる。「人間における自―他の関係,あるいはそれらの総体としてのいわゆる〈間主観的〉ないし〈相互主体的〉な世界の内側にあっても,当然,自然と文化のいわば包括的緊張対立という関係がみられる[9]」と。

ミードの I に対する概念規定は二つの意味合いをもっている。第一に,I は制度化された個体の域を超えること。第二には,それは超自我のうちにつなぎ留められているさまざまな方向づけを超え出て外界に対して主観的領域を形成する潜在的な反応力となる。つまり,そうしたことは人間が「〈ふり〉〈まねび〉の関係において,自己は自身を超え出て他者となり,いわば他者の生ないし他者の生に体現された範型を生きる,ないしは,生きなおす[10]」ことでもある。

人格形成における大切な時期の思春期前期から,子どもたちは自己の理想像という観念を「受肉」させていく。「それは『神戸小学生連続殺傷事件』の『14歳』を省みてもわかる。彼が『受肉』した『存在』は,まさに『血や肉』を持ち『人格』として独立して動き出したのである[11]」。ここには「自己の二

重化の働き」が確認できる。「この包括的な緊張対立ないし二重化的統合・超出をその特有の構造とする関係づけのもっとも根底的にしてかつ典型的なあらわれが，……模倣的再現,〈ふり〉〈まねび〉であり，それがまた文化の伝承の基底としての〈まなび〉〈ならい〉の基礎をなす[12]」のである。そうした「二重化的統合・超出」が生ずるのは,〈まねび〉に接して〈まなぶ〉ということが，ひとつの新たな関係づけの発見，推論することを通してのこの関係づけへ向けてのいわば心の解放と転移をともなうからである。視点を変えれば，集団的継承を通じて伝えられ形成された文化の形としての〈ならい〉は，個人の独創的営為をも可能にするのである。

　つまり，その過程とはまさしく「〈ならう〉こと,〈まなぶ〉こと,〈まねぶ〉ことという，他者を目指しつつ他者を範として自然の超出という意味での自己の二重化の働き[13]」である。こうして人間はみずからを「自己」として形成する。成長途上にある者は，規範が遵守されたり侵害されたりするような態度を，自分が準拠する人物から取り入れる。こうして社会的世界のうちにあるものに関与しうるようになる。

　〈まねび〉〈まなび〉〈ならう〉ことを通じて，さまざまな文化の形が，繰り返し新たにされるひとつの持続的活動である〈ならい〉として形成されるのは，基本的にはこのようなプロセスを通じてである。すなわち,〈まねび〉〈まなび〉〈ならう〉関係において，他者は自己に先立ち，いわば自己にとって不可欠の構成契機をなすのである。そうして，それに対応する内的コントロールのシステムを構築し，自分の行為を規範的な妥当要求へと方向づけることを習得するのである[14]。これから子どもは，実在する制度へと圧縮された外部世界と自発的な体験から形成された内部世界との境界を明確に引けるのである。

2. 通過儀礼からみた文化システム

　思春期前期における変化は「自己の二重化の働き」と表現できたのであるが，このことを説明するもうひとつの出来事がイニシエーションである。イニシエーションとは，当事者の社会的地位ないし宗教的地位の変更をともなう一連の行為をさし，一連の儀礼をともなうことから〈加入儀礼〉あるいは〈通過儀礼〉と訳される[15]。成人式などがこれに当たり，七五三の儀式や，生者から死者に変化するための葬式などがこの範疇に入る。言い換えれば，人間の一生とは連続する象徴的な死と再生のプロセスとして理解できる。

　現代社会においても「成人」は，自我の同一性を自分自身の生活史に連続性を与える能力のうちに提示しなくてはならない。その場合，自我の同一性は，両立しえないさまざまな役割期待に直面したときに整合性の要求や自分自身の再認のための条件を充たすという抽象的な能力の上にのみ，何とか安定させることができるのである。換言すれば，「自己の二重化の働き」を流動性のなかで形づくっていく作業の集積である。これをJ・ハーバーマスはつぎのように述べている。「成人の自我─同一性は，引き裂かれたり乗り越えられたりした諸々の同一性から新しい同一性を構築し，古い同一性と（を）……統一することが出来る能力のうちに示される[16]」。

　〈通過儀礼〉を通ることによって「大人＝成人」になるというのは，まさに「子ども時代の死」を体験することと意識されていた。さらに〈通過儀礼〉で注目すべきは，「再生」のなかで「名」を変え，「新しい名」を付与される点である。つまり，「名づけ」とは，「自我と世界，自己と他者との一切の意味づけの失われるわたしたちの存在の場の根源的な不安のただなかから，はじめて同一性と差異性とが，意味と方向づけとが，〈かたどり〉を得，〈かたり〉出されてくる[17]」ことである。また〈通過儀礼〉には「生／死」という区別がもち込まれていた。そうした両極の項によって生ずるメタファーはつぎのようになる。

　すなわち，昼─恒常性・秩序・和・光・理性・友愛・恩情，夜─秘匿・呪

術・奇跡・発明・創造・暴力，などである。山口昌男は，夜と昼とは絶対的な対立者ではなくつぎのようなものだと述べている。「これら二つの概念は相互規定的で，対をなしてはじめてその存在が確かなものになる。したがって『秩序』という言葉の中に『反秩序』という言葉が潜在的に含まれ，逆に『反秩序』のなかに『秩序』が含意されている[18]」。

しかし，坂部の言うように「〈実物〉とその〈影〉というわたしたちの日常の平板な現実感覚をもっとも深いところでゆり動かし……みずからの〈分身〉であり〈他者〉である〈影〉の中に……畏れと恐れとの入りまじったこころにふと見舞われるというような経験[19]」をもつことは困難である。だが，「神戸連続児童殺傷事件」は「日常の平板な現実意識の陰陽が逆転して，日頃は何気なく見過ごしている〈影〉の部分が生き生きとした意味をおびて語りはじめるような場面[20]」となってしまった側面は厳然としてあった。ここからいえることは，ひとつの文化システムのなかで機能する意味作用は単独の範疇では成り立たず，関係項の存在を前提としていることである。つまり，ひとつの記号の存在は，他の不在の存在を意味するといえるのである[21]。

したがって，特定の文化的記号のパターンの意味論上の価値は，その肯定的，積極的特性によって定義されるのではなく，対立する質，および分化した価値の担い手によって逆照射され，位置づけられる。少年Aの事件が子どもたちの感情を喚起したのはこうした文化作用のひとつのパターンが流動化させられたからにほかならない。つまり，影はいわゆる実物のもつ細やかな差異性を単純化し消してしまうことによって，かえって再生の分別の識別としての〈意味〉が生じてくる〈原光景〉を明らかにする。そうしたことが，少年の行動は許すことはできないが「透明な存在」という気持ちは理解できると子どもたちに語らせた背景である。

3.「名づけ」と自分作りの失敗

　現代社会では、「効用とみせかけの観点だけからみられ、魂の抜けた知的シミュレーションとでもいったものにますます取って代われ……自文化を内側から生きるということさえも今日根深い危機に見まわれつつある[22]」。そうした社会環境が「透明な存在」に対する共感を喚起したひとつの原因であることを踏まえ、つぎに「人間性の形成」を考察するために、少年Ａの「犯行声明文」を三点に分け検討する。

　まずはじめにつぎの文章を考える。「報道人がボクの名を読み違えて、『鬼薔薇』と言っているのを聞いた。人の名を読み違えるなどこのうえもなく愚弄な行為である」。村瀬学は「『名づけ』によって新しい自分が創造できてきた、と感じていた。その名が軽視されたと彼は感じた[23]」と述べ、注目すべきは「声明文」で繰り返し主張される「ボクの名」への覚醒度であるとしている。もともと「名」の授与を拒否する行為は、「タブー」と深く関係する事項である。少年Ａが中学三年生に進んでまもないころ、保護者の学級参観で担任教師は名前に込められた親の思いを知ってもらいたいと考え、国語の授業を利用して生徒に自分の名前の由来を答えさせた。少年Ａを指名すると、彼は「名前に意味はないと思います。単なる記号でしかありません」と答え、担任は「そういう考え方もあるかもしれないね」と取り繕ったという[24]。少年Ａは、表でも裏でも「秩序」づけを拒絶していたといえる。知覚の文化的領域の境界を劃すものとして「タブー」は、断片化した連続体のなかで「名づけ」られた部分の承認を拒む行為であるといえる。したがって「名づけ」直す行為は「秩序」から排除された「混沌」の存在を指し示すことになる。すなわち、「秩序」外にいる異人の存在を照射するのである。

　つぎは「ボクが存在した瞬間からその名がついており、やりたいこともちゃんと決まっていた」という部分である。たとえば、第1項で触れたように幼児が自己の身体を他者の身体と区別されたものとして把握するためには、自他の

区別のない身体意識から自己の身体の鏡像をふくめた他者へと超え出ることを必要とする。つまり、幼児はひとつの想像的・象徴的なシステムのなかにみずからを位置づけることを要求される。したがって、「名」が社会的な関係性をつなぐいわば「他者からの強制」という側面をもち、「名づけ」とは「固有なものの、絶対的近接性の、〈自己への現前〉の、喪失であって、実際には一度も生じなかったものの喪失、……自己自身の消失においてしか出現しえなかった〈自己への現前〉の喪失なのである(25)」。そのためこの文言は、「他者」からの束縛から自分を解き放つことを十分に意識させるものである。

　つまり「名」だけがここで意識されているのではなく、「名づけ」直すことが自己選択の結果としての行為と不即不離の関係となっている。自己の存在とその行為を他者に承認させることは、自分が特権的な通路をもっている主観的世界と、自分が属している社会的世界とが、自分に対して構成されていることを、相手に認識させることである。「その見知らぬ人物が人格の同一性の条件を満たしているのであれば、彼がどのようにして同定されうるのかもまた明らかである。つまり、普通の場合であれば『姓名』によって同定されるわけである(26)」。少年Aは、自分が新たに同定したルールにしたがって行為し、そのルールによって行為できることを、人々に認識させようとしたのである。

　第三の考察は「しかし悲しいことにぼくには国籍がない。今までに自分の名で人から呼ばれたこともない」という部分である。ここでの「国籍」を村瀬は「本命（本名）」と関係づけている(27)。「人格」の承認あるいは所有することについて「名」そのものは同定のためには十分ではない。しかし、「姓名」が道しるべとして機能し、生まれた時や場所、所属する家族、家族内の身分、国籍、信仰する宗派などの同定に充分な要素をもつことが可能である。これらの諸要素は、当の「人格」が同定される基準である。したがって、「人格はこれらの特性を、自分がみんなの中の誰なのかという問いにではなく、自分はどういう人間なのかという問いに答える、という仕方でのみ、自分自身に帰属化することができる(28)」のである。

「犯行声明文」のなかにある「名」から考えられることは，他者からの「強制」的な「名づけ」を〈原暴力〉として拒絶し，自分による自分に対する再規定を人々に認めさせようとしたといえる。

　少年Aのもうひとつの文章である「懲役13年」は，5節に分かれている。そのなかの2節と5節をみてみたい。まず，2節には「魔物は，俺の心の中から，外部からの攻撃を訴え，危機感をあおり，あたかも熟練された人形師が，音楽に合わせて人形に踊りをさせているかのように俺を操る。……こうして俺は追いつめられてゆく。『自分の中』に……⁽²⁹⁾」と書かれており，5節には「魔物（自分）と闘う者は，その過程で自分自身も魔物になることがないよう，気をつけねばならない。深淵をのぞき込むとき，その深淵もこちらを見つめているのである。……⁽³⁰⁾」と記述されている。

　本来の自己が，内なる自己としての「魔物」に憑依されてしまいそうになっている状況がみてとれる。自己の想像力の場を，その時代その社会において承認された象徴体系の場と重ね合わせること，つまり「二重化的統合・超出」を象ることの失敗は，想像的・象徴的場の根本的変容にともなう諸問題を出現させるのである。

　以上までの考察を振り返り，明らかにできたことをまとめてみたい。1. の項ではつぎのように論じた。他者を範として〈ならう〉〈まなぶ〉〈まねぶ〉ことが自己という「二重化的統合・超出」を形作り，子どもは自己表現を通じて外へと向かって歩み出る自発的な体験からなる内部世界の形成が可能になるのであった。

　2. では，〈通過儀礼〉を論じ，そのとき注目すべきは「再生」のなかで「新しい名」を付与される点であった。つまり，「名づけ」とは，意味と方向づけとが，〈かたどり〉を得ることであった。また，文化システムのなかで機能する記号パターンの価値は，対立する質によって位置づけられた。これが，「殺人」という「陰」の行為，すなわち少年Aの行為が表の世界である学校化社会で生

きる子どもたちの感情を喚起したひとつの理由であった。

　3．では，前項でふれた「名づけ」から論じた。少年Aは「名づけ」という「秩序」を拒絶していた。それは文化的領域のなかでの秩序からの承認を拒む行為であった。つまりみずからの「酒鬼薔薇聖斗」という「名づけ」を「魔物」におこなったとき，少年Aは自己の想像力の場を社会において承認された象徴体系の場と重ね合わせ，自己構成することに失敗したのであった。

　こうしてつぎのように要約することができる。影・陰を失った「文化」は，ヒトを「人となり」としていく上で子どもたちに心の襞(ひだ)として折り重なるものを与えることができないのである。すなわち，自分は誰で「あろうとする」か，あるいはどのような人間で「あろうとする」のか，という問いに子どもたちは容易に答えることはできない。「文化」体系の内実が空洞化されたなかで「透明」ではない「自己」への形成，つまり自分が「であろうとする」人格へと成熟していくことについての考察は，教育の広い領域に対しても深い問いを発しているのである。

第2章

日　本

第1節　多文化的視点からみた日本の大学開放の課題

　日本の大学開放の現状は近年の大学改革のなかで，開放施策一般という点では，大学拡張（エクステンション）機能にとどまらず，正規教育システムの開放，研究システムの開放，研究・教育スタッフの開放，研究・教育施設の開放等にわたり，大学機能の根幹の開放に及ぶ面も含み多様に展開している観がある。具体的な施策についてもいくつものモデルプランが先導する形で，大学開放を推進している。中央教育審議会答申・大学審議会答申・生涯学習審議会答申等，政策的なレベルはもとより，個別大学においても大学開放施策は大学改革の重要な柱となっている観もある。一方，そうした大学開放施策にともなって多くの課題があることも事実である。

　とくに現在の大学開放施策にあっては，多文化的視点が弱いと考えられる。

個別大学の少数の試みや開放の条件整備のなかで間接的に連動して効果をあげる可能性のある諸点もあるものの，概して，産・官・学連携構想に顕著な産業を軸とした開放施策が主流であって，社会的少数者への学習権の保障に向けて積極的に平等・公正を志向する開放へはいまだ多くの課題を残している実情である。

　本節では，近年の政策動向における大学開放施策の考察から始めて，そのなかでいかなる可能性が予想され，問題点・課題が存在しているかをやや総論的に検討し，また個別大学における課題について考察してゆきたい。すでに本テーマにかかわっては，共同研究において取り上げてきた[1]。多文化教育の実践に向けて，大学開放施策上に考えられる可能性や課題について指摘したい。

1. 大学改革と大学開放施策―2000年以降の動向を中心に―

　近年の大学改革の施策上には，個別の事例として，あるいは先行するモデルケースの形で，大学開放にかかわる施策を多く目にすることができる。それらは，とくに「情報化」や「大学経営」にかかわりながら，たとえば，海外大学とも連携した遠隔教育への可能性，また正規カリキュラムの無料開放の実施等の事例にも及ぶ。2000年以降の中央教育審議会答申等のなかで指摘される大学開放関連施策を改めてみても，a.「ヴァーチャル・ユニバーシティー」構想等の「情報化」による開放の促進，b. 産業界との連携・企業人への開放の強化，c. 単位累積加算制度を想定した正規カリキュラム開放の促進，d. 大学院レベルの開放等の提言の方向がより強化され具体化され進行していると考えられる。しかし依然，その方向には多文化的視点は弱い，あるいは相対的に逆行していると考えられる[2]。

　中央教育審議会答申（2003. 1. 23答申）[3]での高度専門職業人養成型大学院設置構想での夜間大学院課程，専門職学位課程修了者要件等の施策整備は，職業人への正規カリキュラムの開放を強化するものであるが，同様2002年8月5日答申にみられる養成観[4]，第三者評価制度導入等[5]は，産業界とのより強い

連携の視点に立つ開放施策に連動している。答申の時期を溯るが，2002年2月21日答申[6]では，「産学連携，社会経済の活性化，地域コミュニティの形成への貢献」が目的としてあげられているが，「産学連携」からはじまる目的観にその特徴は集約されているとみる。「高度で専門的な職業能力の向上」を目標に「夜間大学院，通信制大学院，昼夜開講制，修業年限の柔軟化」」等，とくに「職業等の時間的制約からの開放」を目途とした方策を改めて重視している。「長期履修学生」「専門夜間大学院1年制課程」「通信制博士課程」等は，キャリア支援を保証する可能性が大であるが，「幅広い年齢層への開放」と言いながら，その点には具体策が対応していない観がある[7]。

また，「教養教育」のあり方をめぐりながら，大学に，大学間連携協力や，学生の入学前の多様な学習・体験等の機会や，留学・休学・転学制の柔軟化等で多様な機会を開くことをもとめている。高等学校と大学の「接続」の改善のなかでの公開講座や科目等履修制の活用等，中・高・大連携構想における科目等履修制の導入等が指摘される。「成人の教養の涵養」のなかでは，「学びやすい環境の整備」として，「時間・地理・経済的制約」の改善にふれ，大学の社会人受け入れの大幅拡大，サテライト・キャンパス，奨学金事業の拡充に言及している。しかし，たとえば経済的制約への改善については，奨学金事業の拡充以上の方策に言及していない[8]。

生涯学習審議会答申（2000.11.28答申）[9]では，公民館・生涯学習センターでの衛星通信による大学等の公開講座が提言されていたわけであるが，一方その「新しい情報通信技術を活用した生涯学習施策の基本的方向」に謳われていた「情報弱者となる可能性のある社会人や高齢者に対する情報リテラシーの学習機会の拡充」また「不登校児童や病気療養児への在宅学習」の具体化と機会提供はいまだ課題であろうかと思われる。

2. 大学開放の条件整備にかかわる可能性と課題

　前項でみてきたように，大学開放にかかわる政策一般に多文化的視点は弱いが，それはいわば当初からの傾向である[10]。大学開放一般の条件整備のなかから，多文化的視点に立つ大学開放に有利とみなしうる諸条件に注意を向けることも逆に実践的には必要であろう。a. 公開講座の拡充，b. 正規カリキュラムの開放，c. 研究システムの開放，d. スタッフ開放，e. 施設開放等での状況から検討したい。

　公開講座については，その拡充が奨励され，その単位化，短期集中講座の開設等が既に提言されてきた[11]。大学公開講座の拡充と活性化は，各大学の取り組みのあり方によっては，内容・体制・方法とも，多文化的視点に立った運営の可能性がある。カリキュラム・受講条件・スタッフの多様性等，条件の許容性を生かした試みが考えられる。この意味では基準化された公開講座体制は合致しない方向であろう。

　公開講座はいわば別立ての方法の性格から，ある種の「分離」が生じるか否かについては検討が要されると考えられ，その点では正規カリキュラム開放との関係を視野に入れなければならないと思われる。正規カリキュラムの開放は，一般に受入れ条件の垣根が高く問題を多く残している。いくつかの大学で入試制度上の特別枠の設定，身体障害者等への対応等の施行がされているが，対象の拡大と入学後・卒業後にわたるケアの体制が必要であろう[12]。諸外国の試みでのマイノリティ学生のための多様な支援措置，特別入学措置，基礎学力向上のためのプログラム，補償教育，学習相談室の設定，卒業時の雇用促進等，結果の平等を志向した施策[13]が模索できないものか。またここでは学習成果の評価，単位の認定・認証が大きく関係する。卒業後への意味，社会的立場の改善に資する学習の内容と評価システムでなければならないのである。特定のコースの設定，履修形態の多様性への対応という体制・方法上の柔軟性を考量すれば，現在までの科目等履修生の学習援助のあり方を推し進めてゆくところにも，

方法的な可能性は考えられるのではないか。
　研究システムの開放についても，産学共同の研究体制を軸としており，多文化的な視点からは距離がある[14]。正規カリキュラムの開放と同様，こうした，大学の中心的な機能の開放を模索してゆく必要があろう。
　スタッフ開放についてはどうか。大学教職員の意識と体制によることもあるが，大学教職員による出前講義，個人やグループへの諸々の知識・情報・技術・技能等の援助・提供が可能であろう。一方，スタッフの受入れ体制に関しては，産業界からのスタッフ導入等に力点があり，多文化的要求による開放のカリキュラム・プログラムを指導・支援・援助する複数のスタッフの導入の方向への意識は低い傾向にある。地域の多民族化を例にとった場合には，その各々の民族のスタッフ，あるいはその文化に関与する者がスタッフとして強くもとめられ，同様，障害者，女性，マイノリティそれぞれにわたる大学の教育・研究スタッフとしての積極的採用がもとめられる。また学生のボランティア活動等，「社会の実践的教育力の大学教育への活用」という施策[15]も，企業連携・行政主導の性格に問題を残すが，方法によっては多文化的な大学開放の実施において学習者の支援態勢に有力な基盤をつくりえるかもしれない。
　また大学の施設開放についてであるが，大学図書館・体育館等の施設開放も奨励されるが[16]，大学の諸施設・設備の一般への開放が促進されるところで，障害者にバリアフリーが想定されるように，施設・設備の対象者に向けた工夫・改善が要求されるだろう。施設・設備の開放の範囲を拡充してゆくこと，利用者の主体的な活用・運用に可能性をもとめうる。

3. 大学開放と「情報化」

　前述した大学改革のなかで進行している「情報化」による大学開放における可能性と課題にふれる。生涯学習審議会答申（2000. 11. 28 答申）に指摘され[17]，それより前，大学審議会答申（1997. 12. 18 答申）[18]等にモデルがふれられたマルチメディア活用の「遠隔授業」の整備，情報通信ネットワーク上で授業をおこなうヴァーチャル・ユニバーシティーの構想にかかわってである。通学制の大学における援用でも，「地理的・時間的制約等から特定のキャンパスに通うことが困難な者に対する学習機会の提供が可能となり，柔軟な学習形態の実施が可能となる」[19]ことを利点にあげているが，この「地理的・時間的制約等」を拡大して考えれば，障害者の学習支援や，さまざまな制約を部分的に解消することにつながる可能性はありそうである。

　「高等教育機関における障害をもつ学生に対するメディア・ＩＴ活用実態調査（2001年度概要）」によれば，障害をもつ学生の在籍する大学66％に対して，障害者に対する支援や相談窓口のある大学は31％（必ずしも独立した窓口ではない），対応する学内委員会を設置しているのは10％，成文化された規定があるのは5.9％にすぎない。そうしたなか，障害をもつ学生への支援情報をウェッブページに掲載している大学は1.5％であり，情報化による支援の必要が提言されている[20]。

　ヴァーチャル・ユニバーシティーの構想には，直接的には，産・官・学の連携構想の延長にある企業との連携，人材育成の観点が優位にあるのであって，社会的公平・平等を目指す開放施策としての視点は弱いのである。またヴァーチャル・ユニバーシティー構想の学習機会の多様性の面にかかわって，多文化的視点による大学開放を期待することも，ある面では各種通信制教育システムの可能性と同様である部分もある。大学が衛星通信等により，社会教育施設等に対して公開講座を送信する取組み等の現在の「情報化」の方向は，機会や様式の多様化そして対象者の実数の拡大をみすえたものであるが，この延長上に

は，一方では大学とコミュニティをリンクさせる働きが期待され，博物館・公民館・図書館・生涯学習センター等のみならず，他の諸機関・諸団体・グループ・個人とのリンク，課題に即してみれば，マイノリティとその支援組織・個人とのリンクも考えられるのである。ただし，方法が先行しつづける状況や内容の規格化や選別化は大きく問題を提示すると思われる。標準化が先行するところには，多文化とは逆の方向が看取される。また学習形態に双方向方式の可能性を含むにしても，実習・体験や対面的な学習に乏しい性格は，その必要性の高い多文化的視点の開放には適合性が低いと考えられる。援助体制を考量しても，基本的にかかる情報化に参入する機会が対象者であるマイノリティにどれだけ開かれているのかが問題である。

4. 大学開放における方法的課題

　大学開放は現在，初等・中等教育機関，社会教育・文化・スポーツ施設，省庁・企業の研究・研修施設等の開放と連動するなかで位置づけられつつあり，諸機関の多文化教育の推進との密接な関係を考量するところへ来ている。とはいえ，大学自体が多文化的な視点に立って学習権を保障するという体制なしに，外部の活動に依存する方法論は問題を残すと思われる。たとえば，初等・中等教育機関での教育またその学校開放では満たしがたい条件を大学開放のなかで保障してゆく可能性がいかにあるのであろうか。a. 学校教育における，容易に変わりがたい奪文化化教育を多様な諸文化の価値を認める教育へと改革する方向を，大学開放のなかで実現する可能性。b. 学年制に縛られる編入その他の問題を，系統性を維持しながらも柔軟性に富んだ受入れやカリキュラムとして受入れる可能性。c. 日本語教育の水準・体制，授業理解を視野に入れた学習支援，母語とその文化の維持等の問題を，専門分野にかかわるスタッフの援助により好条件の提供を図る可能性　d. 適応教育が強いられる度合が，比較的緩和される可能性。e. 水準・範囲の多様性や，受入れ条件の可変性，継続性の可変性などにより，平等な学習へのアクセスを積極的に保障する可能性。f. 交

流・参加型学習の機会提供の可能性。等,[21]これらに大学教育・大学開放ならではの利点を読み取ることもできよう。

　ただしそれは,積極的な諸条件の整備があって初めて期待される可能性である。a. では,「理解と了解・承認の違い」が重要な視点としてここでもかかわると考えられる[22]。b. では,正規カリキュラムの開放とエクステンション機能との関係,カリキュラムの研究が課題となろう。c. では,スタッフ開放のあり方,外部組織等との関係,d. では,許容度の高さとかかわりのあり方,たとえば,距離と親密さ,コミットメントの度合をどう評価し考えるか等の課題,e. はアファーマティブアクションの対象を考量しつついかなる形で実現してゆくかという基本的な視点の確立,f. ではスタッフの意識や立地条件等,課題は山積している観がある。一方,大学開放でとくに期待される基本的な性格には,高等教育としての水準・専門性・「信用性（クレジット）」があり,また施設開放にあっても設備の水準が期待されていると考えられる。

　また個別大学においての開放の課題を考えてみても,たとえば,a. 各大学での大学開放施策の理念的なコンセンサス形成と多文化的視点の確立,b.「異文化理解」「地域社会に開く」等の概念の多文化的視点からの再検討,c. 個別の対応,個別の実践の評価,d. 開放施策が学内組織的に統括的でなく多岐にわたることから部局間の調整,e. 公開講座企画・方法の再検討,f. 特別枠受入れと学習支援,科目等履修生制度の改革等の正規カリキュラム開放の拡充,g. 多文化教育に関する学外組織・機関との協力,h. 諸機関の開放施策との関係に着目し,「トランスファー・プログラム」,「ブリッジ・プログラム」のこの観点からの再考,i. 派遣・受入れ双方のスタッフ開放の促進,j. 大学施設の開放の促進等のような課題を乗り越えてゆく必要が考えられる[23]。

　実務的なレベルにあっても,たとえば学習者の利用が重複したときの調整の方法や広報の問題がかかわる。すなわち,個人・グループ・集団組織等の学習利用が競合した場面で,それをどう考え扱うかは,多文化的視点からの開放を考えたとき,学習権保障の観点からもきわめて本質的な問題として再考を促さ

れるテーマとなりうると考えられる。また広報情報を認知する対象者の開拓・形成というテーマも，多文化的視点とかかわりが強いと考える。すなわち，広報が方法の改善を重ねながらも，伝達範囲が限定される傾向がある事由のひとつにつぎのことが考えられる。目の前にあって，あるいはそれを受け取った広報情報でさえ，それを受ける側が自己の必要として意味を読み直し認知しなければ，広報は成立していない。いかにこの意味での認知が得られるかは，受け手自身が情報にどのように接し認知するのかという過程にかかっているのであり，この過程は改めて多文化的視点から研究が必要であると考えられる。

　大学開放施策のなかでの多文化教育実践の課題にかかわって，大学改革の動向とそこでの大学開放施策の状況を中心に，多文化的視点に立つ大学開放の条件整備とその視点についていくつか検討した。所与の条件にかかわらない多様な方法の検討の必要性，そして何よりも理念の確立への努力が重要であることは論を待たず，現状の施策の範疇での考察は大きなジレンマに陥るとも思われる。ここでは，課題の抽出を試みる過程で今後の考察の手掛かりをもとめたいと考えた。

第2節　大学授業における多文化教育の視点

　現在の日本の大学生にとって大学とはどのような時空間となっているのだろうか。また，大学の授業は，どのような発見と知的好奇心を呼び起こし，みずからによるさらなる探求へと学生を後押しすることができているのだろうか。あるいは，現在の日本社会において大学で学ぶということは，学生および教員にとっていかなる意味をもっているのだろうか。本節では，筆者が早稲田大学教育学部で担当した授業での経験をふり返り，それを手がかりとしつつ，大学授業実践のなかで多文化教育の視点をもつとはどういうことか，具体的にどのようなことがもとめられるか，ひとつの問題提起として考えてみたい。

東京都江東区枝川町で週2回開かれている
夜間中学自主講座（自主夜間中学）の風景

1. 授業概要

　ここで取り上げるのは，早稲田大学教育学部教育学科社会教育専修の選択科目のひとつとして通年で開講された「地域社会教育研究」という授業である。担当教員である筆者は，年度当初の『授業ガイド』につぎのような講義内容を提示し履修者を募った。「…（略）…ひとくちに『識字』といっても，その実態・実践はさまざまであり，その地域の歴史や状況と強く結びついたものである。主に日本における具体的な実践に触れながら，『識字』を手がかりに見えてくる現在の社会のありようと社会教育の位置・役割をともに考えたい。また，そのなかで自分はいま『どこ』にいるのだろうか，大学という場に身をおく自らと『識字』そして社会とのかかわりについても一緒に考えていこう[1]」。「識字」をキーワードにして日本の歴史にこだわりながら，自分たちの生きてきた社会を見る目や自分自身の教育観を問い直すことに比重をおきたいと考えた。

　さて実際に開講してみると履修者が一桁という早稲田大学ではきわめて珍しい少人数授業となった。そのため履修者の意向を聞き話し合いながら当初の授業計画を変更しつつ授業を進めることにした。その結果，前期では識字実践についてVTRを観て感想を話し合ったり本を読み内容をレポートしたりして，まず識字をめぐる状況の概要を確認することになった。履修者の関心が夜間中学校[2]に集中したため，夜間中学校とは何か，その歴史的背景や経緯，法的な位置づけなどをさらに各自が調べて報告し合うことが前期の主たる課題になった。また，実際に夜間中学校を訪問してみたいという希望が提起されたため，後期では，実際に夜間中学校に足を運び，授業に参加したり教師に話を聞いたりする機会を設けることとなった。この東京都内の2つの公立夜間中学校訪問を契機に，各自がさらに深めたいテーマを立て，それについてレポートとして文章にまとめることを本授業最終の課題とした。

2. 履修者にとっての授業

　つぎに，授業履修者たちの本授業における学習過程を，感想文を紹介しながらたどってみることにしよう。

　まず授業当初に本授業履修の動機を尋ねたところ，月曜日1時限目（9時〜10時30分）ということもあり，はっきりとその傾向は2つに分かれていた。一方は，単に単位取得のため履修授業数をそろえる必要性からといったもので，内容に関してはとりたてて関心があったわけではなかった。他方は，大学入学以前あるいは大学のこれまでの授業のなかで識字や夜間中学校についてふれる機会があり，もっと知りたい深めたいと強い関心をもって履修していた。人数は前者の方が後者よりも多かった。

　比較的初めの時期に観たＶＴＲ「学び合うこころ〜『青春学校』〜」[3]（ＮＨＫ教育テレビ，1995年放映）の感想は，「書いてある文字が模様に見えるというのがびっくりした」「病院の受付は文字を読めない人を想定していないのだなぁ」「とにかくすごい。高年齢なのに学ぼうとする意欲がすごくて圧倒された」といったものであった。また，「文字の読み書きができないこと」と「日本語ができないこと」とを時折混同している場合もあり，識字というものを実感として理解しにくい側面もあったようだ。

　つぎに，個別具体的な識字実践や夜間中学校の教育実践について文献を通してその事実を知り，自分なりに整理して他者に伝えるという過程を経ると，なぜ在日朝鮮人の人々が夜間中学校に多いのか，夜間中学校が何かもっと知りたいという思いが呼び起こされ，また自分自身の中学校経験と照らし合わせて，時間割はどうなっているのか，いじめや不登校・中退などはないのか，卒業というのはどうなっているのか，など新たな疑問が提起されてきた。今度は夜間中学校についてより詳しく調べようということになり，履修者どうしで内容を調整しテーマを決めて報告し合った。夜間中学校の歴史，生徒にとっての夜間中学校とは，教師にとっての夜間中学校とは，夜間中学校の日本語学級とは，

といった論点から報告がなされた。これらの報告を受けてさらに新たな疑問が提起された。そもそも日本の学校教育制度はどうなっていたのか，「在日朝鮮人」とはいったいどういう存在なのか，「中国残留邦人」とは，日本と中国の歴史認識や日中関係の歴史はどうなっていたのか，と調べては疑問を出しまた調べては疑問を出し合う過程を経て各自レポートとしてまとめていきたいテーマを絞り込んでいった。この，迷いながらの試行錯誤の結果，自分の課題にたどりつく過程そのものが貴重な機会だった，という感想が授業最終回で寄せられた。

　授業の中盤で，実際に東京都内の公立夜間中学校を訪問し授業に参加したり教師に話を聞く機会を得た。2001年現在，東京都内には8校の中学校に「二部」「夜間学級」（いわゆる夜間中学校）が設置されている。夜間中学校自体について定めた法律はなく，これらは「学校教育法施行令　第3章　認可・届出等　第25条　市町村の教育委員会は，当該市町村の設置する小学校又は中学校について次に掲げる事由があるときは，その旨を都道府県の教育委員会に届けなければならない。」の「五，二部授業を行おうとするとき。」にのっとって設置されている。都内8校のうち6校が1950年代に設置されている。今回訪問した学校は，世田谷区立新星中学校夜間学級（世田谷区太子堂，1954年開設）と，足立区立第四中学校夜間学級（足立区立梅島，1951年開設）の2校である。新星中の生徒数は67人（通常学級34人，日本語学級33人）。国籍は，日本が13人，中華人民共和国48人，台湾・モンゴル・韓国・コロンビア・シンガポール・ベトナムが各1人となっている。年齢は，16歳〜19歳が14人，20代が3人，30代が8人，40代が11人，50代が17人，60代が13人，70代以上が1人であった[4]。足立四中の方は，生徒数68人（一般学級24人，日本語学級44人）。国籍は，日本が22人，中華人民共和国32人，ベトナム6人，韓国・朝鮮4人，フィリピン4人となっている。年齢は，10代が4人，20代が19人，30代が8人，40代が11人，50代が11人，60代が10人，70代が4人，80代が1人であった[5]。見学のさい，直接対応してくださったのは，新星中は近藤

順一先生，足立四中は松崎運之助先生で，時間をとって説明したり私たちからの質問に一つひとつ丁寧に答えていただいた。

夜間中学校訪問参加者の声からいくつかを紹介してみよう。

中国語のクラス（中国語を母語とする人たちが日本語を学ぶクラス―引用者補足）は，夫婦・義理の親子といった親族の関係でした。そのため，クラスも和やかで意欲的でした。中国語を知らない先生なので，生徒に教えてもらいながら授業を進めていたところに，昼間の学校にない夜間中学独特の雰囲気を感じました。

クラスに入ったところ，生徒同士で何かもめていました。遅刻した生徒を同じ国の生徒が注意していたのです。夜間中学ではとくにたくさんの国の人たちが集まっているわけですから，その数だけ国の文化・習慣があります。だから，違う国の人が注意すべきなのかむずかしいところです。同じ国の人がそこで注意することは，とても大切なことだと思いました。

（一校目の訪問で浮かんだ疑問についてですが―引用者補足）外国籍でも義務教育修了者は入学不可能なのかということについて，やはり夜間中学は生活が困難な人のための学校であり，生きるための力なのです。満足に生活できる人は日本語学校に通えばいいわけです。

安心して発言できる教室，どんな疑問でもその答えに向かってみんなが考えてくれる昼間の学校に足りないものがここにはたくさんあったように思います。『夜間中学校はドラマだ』。松崎さんの言葉がとても印象に残っています。何が起こるか分からない。なぜ？　どうして？　に寄り添えることが一番の勉強なのですね。

私は最近まで，教育について何か勘違いをしていたように思います。大学で勉強しておりますと，ついつい理論や理想ばかりで，現実の社会との整合性のようなものから疎くなりがちになってしまいます。

年度末に一年間の授業をふりかえって話し合った折にも，やはり実際に夜間中学校を訪れ，そこで学んでいる人とじかに出会い時間をともにしたことが自分にとって大きな影響を与えたという声が共通していた。また，同じ都内の公

立夜間中学校でも複数校を訪問したことにより，夜間中学校と言っても現場は各々個性的であり，その場に居合わせた人びとが試行錯誤しながらつくりあげていっている事実を身をもって知ることができた(6)。もちろん公立の夜間中学校もさまざまな問題や課題をかかえている。昨今の公教育をめぐる議論や行政の財政問題など夜間中学校および学校教育をとりまく状況，学校内の授業・行事などの学校生活全般，さらに教師と生徒との関係のありようなど現場は常に問題と格闘しつづけている。他方，むしろそれらの問題を通してその時その時の社会がみえるともいえるわけで，夜間中学校の存在根拠やその理念・理想と現実とのギャップをこそみていく必要がある。そのような意味でも，一回きりの訪問ではなく相手の状況が許せば一年間を通じてなどある一定程度の期間を通して継続的にかかわり相手との関係をつくりながら学ぶことや，公立夜間中学校設立・増設運動をしながら地域で市民が自主的に開いている夜間中学（いわゆる「自主夜間中学」(7)）の現場と重ねてみていくことといった取り組みも今後考えられる。

　夜間中学校との出会いは，ひるがえって，自分にとって学校とはどのようなものだったか，なぜ自分はいま大学という場にいるのか，という自己に問いを向けることにもつながっていく。「大学に行くことに疑問をもつことはなく，行くものだと思って来た」「大学に行かないと言う選択肢はなかった」という声が一様に聞かれた。「学びたくても学べなかった」「今，やっと学べてうれしい」「学ぶのが楽しくて仕方がない」という人びとの実感は，大学生にとっての「学び」の実感とは異なることが多く，大学生に，大学にいるみずからの存在をあらためて考える契機を呼び起こすからだ。文字を学ぶ機会をもたず大人になった人の存在は，文字を学ぶ機会を「あたりまえのように」享受してきた人にみずからの歴史をふりかえよう要請する。このことは大学における教育学の学びのなかで，みずからの教育観・学校観を再構築していく重要な契機となりうる可能性をもっていると考えることもできる。

　しかしこれらの作業は，自分を語り，ときにみずからを鋭く問われる，厳し

く苦しい過程でもある。そのさい，これらの作業をする「場」の状況をどのように設定するかが授業を用意する側には課題となるだろう。たとえば，ある程度限られた人数の安定したクラスで，あるいは固定的な少人数のグループをつくって，互いの信頼関係を築きながら対話的に授業を進めていく共同的な学習がもとめられる。

3. 大学授業における多文化教育の視点

きわめて大ざっぱではあるが以上の授業実践を踏まえ，大学授業において多文化教育の視点をもつということについて言及してみたい。大学授業を担当する筆者自身の課題であると同時に，現在の大学における授業のあり方に対するひとつの問題提起という意味も込めて，以下の3点を指摘する。

3-1. みずからの学校体験・教育経験を対象化・相対化する

直接的にであれ間接的にであれ，さまざまな媒体を活用しながらみずからの学校体験・教育経験を対象化し相対化する作業が必要ではないか。今までに馴染みのないものに出会うこと，まったく別の視点からの事実や指摘と直面し，みずからがゆさぶられる過程が大事にされる必要がある。それは，学生どうしや学生と教員間など授業メンバー内でもできるだろうし，もちろん大学外の世界との対面によっておこなわれることもあるだろう。それらの作業をおこなおうとする場合，その「ゆさぶられる過程」に寄り添い，学生が丁寧に自分の言葉で表現していく場所と機会を保障する役割を教員は担う。その保障の仕方はおそらく多様にあり，授業の方法として教員がもっと考え実践的な力をつける余地の多い部分と思われる。少人数クラスの場合，多人数クラスの場合，履修者の専攻の幅，授業の時間帯・期間，授業のテーマ・内容などによって異なるであろうそれらの方法を柔軟に模索していきたい。これは，学生により充実した学習活動を提供する義務が教員にはあるということのみならず，実は，教員自身が学生から学び，授業を通じて不断にみずからの教育観を問い直していく

機会になりうる可能性をもっているという意味でも重要な点ではないだろうか。教育学を学ぶということは，未知のものと対面し新たな知識を得ることにとどまらない。現在の社会における〈教育〉状況を批判的に意識しながら，しかし新たな展望を見出していくという困難な作業が，教育学にかかわる学生にも教員にももとめられていると考える。

3-2. みずからが属してきた社会の歴史を知る

　学校教育における歴史教育の議論にもみられるように，日本という国に暮らす者が近現代史をどのように学ぶかというのは現在の課題である。とはいえ，それ以前に，近現代の歴史の事実自体にふれる機会は，全般的に大学以前の学校教育において必ずしも多いとは言えず，事実の周知や関心の度合いには大きな個人差がある。これらを考えると，みずからが生きてきた社会や文化の歴史事実について，とりわけ近現代のそれを，一定程度共有化する作業は，大学の授業にこそむしろもとめられているのが現状ではないだろうか。急速な情報化やインターネットの普及，またつぎからつぎに提起されるグローバルな問題への対応などといった現代的状況のなかで，歴史をふまえる作業の重要性はとりわけ高まっている。その視点は，国際的な視点，すなわち民族的・文化的・経済的・政治的な意味で社会や世界のさまざまな位置に置かれている人から見た複数の視点であることが不可欠だろう。タイトルやテーマに「多文化」「国際化」「人権」といった文言を直接含んでいなくとも，おそらくすべての授業においてそれらが提起する視点を意識することは現在の大学授業において不可欠であり，ならばみずからが属してきた社会の歴史を知る，あるいは共有（ときには非共有・共有不可能という事実に直面することもあろうが）する機会を，授業のどこかに織り込んでいく必要があるように思う。

3-3. 人と直接的に出会う

　ＶＴＲなどで「識字」に出会うことと，夜間中学校や識字学級を実際に訪れてそこにいる人とじかに出会うこととは，質的に決定的な違いがあるのではないかという気がしている。ＶＴＲ視聴後に聞かれる感想がどこか他人事であり，「かわいそうな非識字者」に対して「恵まれている私＝識字者」という構図になりがちであることには，筆者自身これでいいのかという疑問を感じてきた。そうした構図に安易に陥るのを避け，識字の背景に深く入っていくためには，「直接人と出会う」ことが重要になると考える。当然のことながら，直接人と出会うと，自分は何と言って相手に話しかけようか自分の頭であれこれ考えなくてはならない。逆に相手から思わぬ言葉を投げかけられて，びっくりしたり戸惑ったり，ときには嬉しくなったり感動したりする。このような緊張関係のなかで相手の状況を一生懸命想像し，おたがいが必死になってコミュニケーションを成立させようとする。時には，予想もしない対応に傷つけられたり，あるいは相手を傷つけたりすることもあるだろう。しかし，その場は一対一ではなく多数者のなかで出会うことで，新たな別のコミュニケーションが展開されたりもする。生身の人間と人間とのそうしたやりとりがあって初めて，人間は相手と出会うといえるのだろう。そのような意味で，直接人と出会うことは，自分と相手との関係を考えるのに質的な影響力を与えうる。これは，相手と自分との関係を社会構造的に考える視点をより明確にさせ，歴史的・社会的文脈のなかで事実をとらえる機会を与えてくれるように思う。大学授業においてふまえるべき知識や情報，先行研究や文献は増えつづけるが，そのなかで，あるいはだからこそ，現実の世界と向き合う機会を大事にしなければならないのではないだろうか。

　筆者が日本の識字学級や夜間中学校の存在や実践を知ったのは，大学４年生の夏に訪れたバングラデシュで出会った識字学級がきっかけだった。あるＮＧ-

Oのスタディツアーで訪問したのだが，そのツアー仲間に指摘されて，筆者は恥ずかしながら初めて日本にも識字学級があるということを知らされたのだった。もしかしたらどこかで識字学級や夜間中学という言葉に接していたのかもしれないが，とにかく筆者にはまったく出会った記憶がなかった。帰国後，紹介してもらった識字学級に足を運んだ。そして，そこで出会った人たちにから痛烈な批判も含め大きな衝撃を受けた。日本の現実をこんなにも知らなかった自分に愕然とした。遠いところのことではなく自分のほんのすぐ隣りのことなのに，そこがすっぽりと抜け落ちて見えていなかったこと，見えていないにもかかわらず漠然と知っているような気になっていたことに大いに反省させられた。そして世界のことをもっと知りたいのならまず自分がいま立っている場所について知ることではないか，そのことがむしろ世界を理解する重要な手がかりなのではないかと考えるようになった。

　本節は，講師2年目というまだ経験の浅い筆者が現時点で思いついたことをメモ的に記したものにすぎない。上述した筆者自身の個人的な体験や思いが先行しがちな傾向があるかもしれないと今になってやや反省しつつも，しかし大学の授業のなかで多文化・人権といった事柄をどのように位置づけるのか，そこに学ぶ者が他人事ではなく「我がこと」としてとらえる視点をどこかにもちながら同時に大学での学問研究としての深まりをどのように追究するのか，その具体的な姿については，これまで個別に実践はおこなわれてきただろうが，語られたり議論されることは少なかったようにみえる。それは，日本社会における大学の位置づけが変ってきたということともかかわっているだろう。いずれにしても，大学での授業をどのように構成していくのか，その内容のみならず方法をも検討する必要が生じている。学問研究の蓄積を提示し共有することを大事にしながら，同時に学習論的視点からの考察，とりわけ人権教育の学習論研究などにも幅広く学びながら，それらを議論し実践しあっていくことは今後の大きな課題になっていくだろう。

第 3 節　手話ネットワークの動態

　本節は，多文化社会における教育のあり方について「障害」を切り口にアプローチを試みるものである。2003 年 1 月，埼玉県はユネスコが推進する「インクルージョン」の教育理念を取り入れ，障害のある児童・生徒が普通学級に在籍できる制度作りの検討の決定を発表した。これは障害の有無にかかわらず，誰もがお互いに尊重し支えあう共生社会の実現に向けた大きな前進になろう。しかし同時に障害の度合に応じた支援体制の整備なくしては差別の助長につながる恐れがあることを忘れてはならない。以上から本節の構成はつぎのようになる。第一に障害，障害者を社会や文化の視点から捉え直すことがもとめられる，その背景について考察する。第二に障害をもつ人々が「自分は何者であるのか」，自分が属している「社会」や「文化」について問うた，「ろう文化運

動」の課題提起について検討する。ろう者を障害者というよりはむしろ日本手話を用いる言語・文化集団だという考え方には賛否両論が示されている。第三にろう者は手話を話す「言語的少数者」であるという主張の背景にある音声言語（口話化）イデオロギーの問題について考察する。そして言語と文化の多様性を守るためには何が必要なのかをめぐって言語権という視点に注目したい。

1.「障害」「障害者」の捉え直し

1-1. 障害者差別禁止法制化に向けて

　2002年10月15日から4日間にわたり札幌市で開催されたＤＰＩ（障害者インターナショナル）世界会議では日本における障害者差別の実態が話題にのぼった[1]。現在，世界では40ヵ国以上が障害者差別禁止法を設け，同法の存在は国際的な常識レベルにまで到達された。しかし日本では国レベルの対応が鈍く，かつ一般的関心が薄いとして，国連の「経済的，社会的，文化的権利委員会」は日本政府に法の制定を2001年8月に勧告している。

　委員会は，締約国が，障害のある人々に対する差別的な法規定を廃止し，かつ障害のある人々に対するあらゆる種類の差別を禁止する法律を採択するよう勧告する。

　これにかかわる「政府答弁」（2002年3月・第154回国会衆議院本会議）を一部引いてみる。

　障害者等に対する不当な差別的取扱いの禁止につきましては，今国会に提出した人権擁護法案で手当てしているところであります

　人権擁護保護法案は，いわゆる「メディア規制3点セット」と呼ばれるうちのひとつである。もともとはメディア規制が目的ではなく，各国の人権状況を調査している国連の規約人権委員会が1998年に「日本には人権侵害を調査，救済する独立機関がない」という見解を示したことに端を発する。しかし国連の規約人権委員会が指摘していない「メディアによる人権侵害」について，新

たに設置される人権委員会が調査する方向に流れている。この点に関して「国家の再構築」、「民」に対する「官」の権限拡大が懸念されている。

　2001年12月の国連総会において、障害者の差別撤廃に関する国際条約制定の必要性を検討する委員会の設置が決議された。これを受けて日本国内でも弁護士や障害者を中心とする政策提言グループが障害者差別禁止法「要綱案」の作成に取り組んでおり、法制定の必要性として「障害」にまつわる問題が指摘されている[2]。つぎに要約しておきたい。

❶一般的に障害者観は「医学モデル」を前提にしており、障害をもつ人を「恩恵と保護による福祉施策」における「特殊な存在」とみなし、市民社会で「対等な構成員」として存在しえないこと。
❷現行の障害者基本法は、優生思想と結び付いた「心身の障害の発生予防」や、「更正」と「保護」の要素にもとづいており、当事者に対して「障害の軽減と克服への努力」を押し付け、自立が困難な場合には「隔離・収容型の施設入所」を推進していること。
❸したがって「障害」を「個人の問題」ではなく、「障害の定義」と「差別の定義」を「社会的環境要因」の関係から明らかにした上で、その阻害要因の除去をもとめるという「社会モデル」への転換をはかるべきであること。

　つまり「障害」「障害者」とは何か、根本的に問い直す必要性を示唆している。これに応えようとしている学問のひとつである障害学（ディスアビリティ）に注目したい。

1-2. 障害学（ディスアビリティ・スタディーズ）からの問いかけ

　障害者像の見直しをせまる障害学（ディスアビリティ・スタディーズ）はつぎのように説明されている。

・障害を分析の切り口として確立する学問、思想、知の運動である
・従来の医療、社会福祉の視点から障害、障害者をとらえるものではない
・個人のインペアメント（損傷）の治療を至上命題とする医療、『障害者すなわち障

害者福祉の対象』という枠組みからの脱却を目指す試みである
・障害独自の視点の確立を指向し，文化としての障害，障害者として生きる価値に着目する[3]

　一般に障害とは，「～が不自由」，「～がない」という状態として解されてきた。手が不自由である，足が不自由である，目が不自由である，耳が不自由である等，本来「あるべき」機能が「失われている」存在が障害者であると。「ない」，「不自由」であるところを，「ある」，「自由（普通）」に何とかして近づけるべく，治療し，補おうという試みにおいて障害者はあくまで治療や予防の対象であり，その根底には障害について，正常から外れたものとして「ないほうがいい」という否定が存在している。これに対して，「何がなんでも自らの機能を『正常』に近づけよう」とするのではなく「人生の中の重要度を考えた際に，インペアメントを取り除くことよりも，他を優先させることは十分ありえる」のではないか，「『障害者である』自分を大切にする」という指向[4]が注目されている。「ある」，「ない」の差異が優劣に還元される現状において，強調される「みんな同じ人間だ」はどんな意味をもっているのか。「同じ」とはマジョリティの枠組みに立っている。しかし本当に「同じ」といえるのか，考えられているとはいいがたい。「同じ」，「～ができる」，「～がある」が指すものは当たり前のもの，常識とみなされているが，その域から外れることに対しては「役立たず」という言葉が象徴的であろう。つまり「常識」は，人間の存在意義・価値を揺るがすものである。「ある」，「ない」の差異に自覚的でありたい。

2. ろう文化運動

2-1. 言語と文化の独自性の標榜

　みんな「同じ人間」だと結論づけようとする過程には，考えるべき課題が多く存在している。「差異」の自覚を迫る運動のひとつとして「ろう文化運動」に注目しておきたい。ろう者を障害者ではなく，ろう文化，ろうコミュニティを追求する存在と捉え，その文化や言語の固有性・独自性を主張するものである。

　ろう者とは，日本手話という，日本語と異なる言語を話す，言語的少数者である。（ろう文化宣言　―言語的少数者としてのろう者―，1995年3月）[5]

　私たちは，ろう者がろう者らしく生きていくことができる社会，および日本手話とろう者の文化が日本語や聴者の文化などと同等に扱われ，尊重される社会の実現をめざします。（Dプロ，1998年5月）[6]

　Dプロは手話が言語として認識されなかった歴史的経緯をふまえ，「日本手話の尊重」と「バイリンガル教育」をテーマに1993年に誕生し，その追求が「ろう文化宣言」を生み出した。これに対する反響は大きいものであった。日本手話が単なる日本語の代替手段ではないことが指摘された意味の大きさへの共感の一方で，日本手話の話せない中途失聴者，難聴者を排他するものではないかという批判が寄せられた。全日本ろうあ連盟では，日本手話を「日本語とは異なる」というのではなく「日本で聴覚障害者が使っているさまざまな手話全体」と捉えている。これに対して，Dプロの理念は「デフ・ナショナリズム」にもとづくものではなく「多数者からの抑圧」，「聴者の抑圧からの解放」をめざすものであるという。手話に対するまなざしそのものが問われているのである。
　たとえば，NHKの教育番組「みんなの手話」は手話について，「聞こえな

い人たちにとって大事なコミュニケーションの手段」であり「相手をみながら自分の手と表情で気持ちを伝え合う」という「暖かさや豊かさ」をその特徴としてあげ，番組を通して「聞こえる人と聞こえない人との交流」に役立つことを目的に掲げている[7]。

またろう者と聴者の協同により新しい人形劇を生み出す目的で1980年設立されたデフ・パペットシアター・ひとみは，その活動についてつぎのように語っている。

> もともとろう者がもっていた表現，文化，ダイナミックな世界を見せる機会が少ない。我々は人形劇の新しい分野を開拓しようという理念をもつ集団として出発したが，その創造の基盤はいつも社会と観客に置いてきた。そして，ろう者と聴者が一緒に人形劇を創るということでは，ろう者の文化創造運動としての側面も持っており，地域で福祉と文化を結ぶ役割も自覚してきた。[8]

ここでは，ろう者は独自の文化を追求する者，文化創造の主体として捉えられている。またコミュニケーションの手段である手話について，相手をしっかり見て手と表情を使いながら気持ちを伝え合うという点から，現在のコミュニケーションがなかなか成立しがたいなかで，肯定的に捉えようとする向きが認められる。最近のテレビドラマにおいても手話は一種のブームを引き起こしたことは記憶に新しい。

2-2. 手話の認知と普及

ろう者のコミュニケーションの一手段である手話は一種のブームを聴者のなかに起こした。一般に音声言語を使用しする聴者は手話によって，ろう者と意思の疎通ができたことに感動をおぼえ，ろう者のために，役に立ちたいという気持ちから手話を学ぶ者の数が増えてきたことは事実である。これは手話の認知，市民権の獲得の一側面を表わしている。

手話は，物まねや猿まねと同義語として「手まね」と見なされた時期もあったが，言葉としてろう者の人格を表わすものと理解されてきた[9]。手話の普及

であり，その過程において，ろう者の手話と聴者の手話の違いが指摘されるようになった。つまり手話講師の資質向上の課題化であり，こうした点に取り組むべく 2000 年 12 月に設立されたのが日本手話教育研究会である(10)。手話を日常的にコミュニケーションの手段とするろう者が手話の指導に携わるという点に重きがおかれ中心的役割を果たしている。またろう者の人権や自由を尊重するべく，手話通訳士といった，厚生労働大臣公認の資格である手話通訳制度，資格認定制度は 1989 年にスタートした。しかし合格者数はさほど増加していないという。数少ない手話通訳士養成学校である世田谷福祉専門学校ではその養成をつぎのように捉えている。

> 手話は身振りでもジェスチャーでも日本語を表すための単なる記号のようなものではありません。手話は一つの独立した言語と言えるものなのです。ですから，手話という言語を学ぶには，手話を話している人々の文化や習慣，社会的背景などについても理解を深めていく必要があるのです。(11)

「聞こえない人」，「手話を話している人」，「聞こえる人」，「手話を話せない人」のために必要な手話通訳士は，手話が「話せる（できる）」という段階に止まるものではない。正確に読み取り，かつ聞き取る過程において，誠実に公平に通訳をおこなう姿勢が不可欠である。また手話にも当然のことながら標準手話と地域の手話が存在している。それはあくまで手話が「地域で生活している人が生み出し，生活に密着している言葉」であるにほかならない(12)。しかし「生活に密着している言葉」である手話には禁止・抑圧されてきた歴史がある。

3. 音声言語（口話）化イデオロギーをめぐって

3-1. 手話か，口話か──昭和初期の「手話・口話論争」──

"福祉は「人」なり"という言葉がある。それは，なぜ福祉が実践されたのか，どのような想いに支えられていたのか，「人」から我々はしっかり学ぶ必要があることを示唆している。ろう者にかかわる教育に一生をささげたと後世

から評価される「人」はどのような想いであったのか。聾（ろう）教育史において「聞こえる人々（主として学者たち）が音声言語と手話をどのように考えてきたか」を検証した上野益雄は社会で承認されていた考え方としてつぎの点を指摘している。

> 「手話：社会の人々と違う，差別された言葉。　口話：社会の人々と平等の言葉。だから手話はやめて，口話にしましょう。」
> 「手話：社会の人々から隔離された言葉。　口話：社会の人々と共通の言葉。だから手話はやめて，口話にしましょう。」
> 「手話：慈善，憐れみの時代の言葉。　口話：真の教育の時代の言葉。だから手話はやめて，口話にしましょう。」
> 「聾教育は他の障害児とは違う。知恵遅れとは違う。聾唖児は普通の正常な児童と同じようになれる。」
> 「努力すれば，耳の聞こえるものたちと何にも変わらないようになれる。普通の学校にもインテグレーションできるし，大学にも行けるのだ」[13]

　こうした考え方の背景には，音声言語は普通の人間として生きていくにはかかせないという前提のもと，聴覚障害をなくすことは困難であるが発音を学び相手の唇からそれを読み取ることで聴者の仲間入りができることが望まれたことがある。たとえば，「口話法の父」といわれる西川吉之助が娘に対していだいた，できるならば言葉を話すようにさせたい，せめて外見だけでも「ろう」という扱いを受けないようにという想いが手話を排斥する純口話法の普及運動を支えたのであり，昭和初期には口話法に統一の方向に固まった。これに対して大阪市聾唖学校・高橋潔，函館聾唖学校・佐藤在寛は少数者であるろう者を多数者（聴者）にあわせることを犠牲と捉え，少数者は多数者の犠牲になること止む無しの考え方に強く反対し，手話を守ろうとした。これが「手話・口話論争」である。「手話か，口話か」の問いは，「隔離か，社会への統合か」，「差別か，平等か」，「施設の慈善的処遇か，平等の教育か」という課題を浮き上がらせている。

3-2. 人工内耳の問題

　口話化イデオロギーは教育のみならず，医療分野にもおよんでいる。医療技術の進歩は「人工○○」を可能にした。人工内耳によって聞こえるようになるという考え方であり，先端医療が人間の存在基盤を根底から揺るがすものであることを意味している[14]。

　世界ろう連盟理事長のリサ・カウピネン（フィンランド）は現在の重要な課題のひとつとして人工内耳を指摘している[15]。フィンランドのろうの子どもの9割は人工内耳手術を受けているが，その背景として医者の手話の存在に対する理解の低さが指摘されている。人工内耳をつけても聴者のように聞こえるようになるわけではない，まだ不十分なものであり，長期にわたるリハビリテーションが必要とされる。手話を通して感情表現を示し，楽しくきちんと話しコミュニケーションができていたろうの子どもが，人工内耳をつけることで多少は音を分かっても手話を話さないため，言葉の理解が困難であることにより，感情表現に乏しくあまり話をしなくなる傾向があるという。手話を知らない子どもたちは会話が成り立たず，言語の習得ができないのである。人工内耳の子どもは聞こえ，発話できるはずであるが，聞き取りや発音には訓練を必要とする。しかし彼らは聴者と同様にみなされており，教育方法やカリキュラムは聴者と同じものである。これはろう者を聴者に近づける，同化させることをめざしていることの表れである。また日本では，「新生児聴覚検査事業の手引き」にまつわる問題が全日本ろうあ連盟の大杉豊により指摘されている[16]。新生児に対して聴覚障害の有無を調査することが技術的に容易になったことで，早期に聴覚障害を発見し，早い段階から教育が可能になると期待が寄せられた。しかし現実には聴覚障害が判明した段階で，医者は人工内耳の必要を判断することになるのである。この判断は医学的側面を重視したもので，ろう者の立場や手話の存在意義に対する理解が不十分なところが課題になる。その一方，現時点で人工内耳を否定することはできないと世界ろう連盟は考える。人工内耳の

ろう者の存在の否定につながるからである。確かに技術の発達にともなって，内耳再生の技術が研究されており，聴覚の機能を回復させることも現実味を帯びている。しかしそれでも手話の必要性が否定されることはないのは，言語を習得する段階で手話が必要不可欠であることによる。手話はろう者の言語であり，かつ権利である。技術がいかに進歩しようともこの点を抑圧することはできない。

3-3. 言語権という視点

　言語権とは，言語的側面に人間の平等という概念を適応し，言語にかかわる差別を可視化し是正することをめざすものである。この場合の差別とは，言葉遣い・差別表現に加え，人間にとって基本である言語を支障なく使用することができない状態に置かれていることを意味している。少数言語の話者の存在をどう捉えるのか。少数者に使用言語を多数言語に「乗り換え」させるのか。少数言語は消えていく運命にあるのはごく「自然」なことなのか。それとも少数者使用の言語が発展できない社会環境そのものを捉え直していくのか。とくに日本において，少数言語の使用，特定言語の使用すら社会問題として具現化されることがこれまで不十分であった。オールドカマー，ニューカマー，国内各地の地域語（方言），また手話使用者の存在はどれほど意識されてきただろうか。言語に関する権利はまさに人権の問題であり，つぎの指摘に注目しておきたい。

> 「少数者の言語は少数者が（守っていきたいのであれば）自分たちで守っていけばよいのではないかという論は，多数者のごくふつうの日常が少数者を抑圧しているという（大いにありうる）可能性を見落としている。」[17]

　社会全体の問題である言語を人権の中身として捉え，その多様性と向き合うべきである。言語にはそれが十分に発展する権利を等しく有し，われわれは自分の生来の言語を自由に使用する権利を有する。また少数言語とは，話してい

る人数が少ないという点に止まらない。

>「少数言語というのは,多数に比べて相対的に少数ということです。だから実際に話者が何人というところで線を引くことは出来ません。少数の,マイノリティの立場というものは差別されている立場,優遇されていない立場ということです。」[18]

つまり権力にかかわる問題である。自分たちの言葉を学ぶ・使用することは必要であり,望むところであるが,実際に生活していくとなると多数言語を用いる方が有益であるという状況に遭遇する。自分の言語にこだわるのは二の次に追い込まれることもあろう。しかしそういう状況においても自分の言語が大切であると判断・実感し,生活上困難が生じるなかで言語を自分の文化として守ろうとする意思が存在しているのである。

現在,地球上に存在する7000余りの言語のうち,その9割は今世紀中に消滅に向かうと推定されている。言語は伝達,コミュニケーションの道具であると同時に,そこには文化が込められている。したがって言語の消滅は文化の消滅である。グローバル化が進む中で有用性の観点から英語＝国際語論のもとにマイノリティの言語が吸収・消滅されることは,単一言語による支配,言語の多様性の縮小を意味し,それは思考の画一化につながる。以上をふまえ,世界各地ではローカルな少数民族の言語を母語としてアイデンティティの証明として保護する動きがみいだせる。この点について本節では,ろう者を障害者ではなく手話を話す「言語的少数者」と捉え,ろう文化を追求する「ろう文化運動」,手話ネットワークの動態に注目した。障害＝正常の域から外れた存在という価値観から脱却し,違いをいかに自覚するかという点を多文化教育の課題のひとつとして改めて指摘しておきたい。

第4節 「ケア」意識の発達とジェンダー
― 看護職キャリア教育へ向けて ―

　労働場面におけるジェンダー（心理・社会的性）の問題のひとつに，「性別職務分離」がある。これは性によって就く職務や職種が異なる（偏る）傾向を示したもので，たとえば看護師，保育士などの職種は1990年代においてもその95％以上は女性で占められている。その背景には，女性には「気配りのきく」あるいは「こまやかな」特性があり，人を世話する「ケア」の仕事はこうした女性に適しているとのステレオタイプが長く存在してきたことが挙げられる[1]。
　少子高齢化の進む現在，保健医療・社会福祉分野での資格も増え，ケアにかかわる職業はその重要性がますます高まっている。しかし，これらの職種は資格の必要な専門職でありながら十分な自律性・専門性の発揮，それにともなう

"ケア"の仕事＝看護職

社会的評価という点でいまだ課題が残されている[2]。これにはケアの仕事がもともと性役割分業にもとづいて女性が一般的に担ってきた家庭内での育児・介護等の延長であり、家庭内でのケアは給料を支払われることのない私事として、家庭外での仕事よりも価値の低いものとみなされてきたことと関連がある[3]と考えられる。

こうした点をふまえて本節では、まず「ケア」の概念についてジェンダーとの関連を中心に考察する。つぎに看護職の「ケア」を取り上げ、ケアの仕事のもつ性質とケア従事者の心理の特徴に焦点をあてる。最後に、ケアにかかわる人々のキャリア教育のあり方について、多文化教育の視点から看護職のキャリア発達を支援する教育の可能性を考察する。

多文化教育とは、「民族的マイノリティだけでなく、性、社会階級、障害等による差別を克服する教育」[4]であり、偏見、ステレオタイピングを排除し、多様な集団とそれに属する人々のアイデンティティを認める[5]ものである。ケアをめぐる問題にジェンダーが深くかかわっているとするならば、ケアを理解しよりよいケアを考えることは、人々がケアを通じてジェンダーその他互いの多様性を認めあい、共生することを目指すものであり、多文化教育の視点に通じるものと考えられる。

1.「ケア」の概念

「ケア（care）」ということばは、旺文社リーダーズ英和辞典によれば名詞として「1. 心配、気苦労、気がかり、2. 関心、配慮、注意、世話」などが挙げられ、実に多様な意味をもった語であることがわかる。もとはラテン語「cura」に由来し、「ある人が心配で苦しむ」という意味と、「他の人の幸せを準備する」という思いやりの意味、すなわち「重荷としてのケア」と「気遣いとしてのケア」という対立する二つの意味があった[6]のである。

内藤[7]は「ケア」概念に関する見解を整理しているが、そこでまず挙げられているのは、「ケアの目的は、他者の自力では充足できないニーズに応じそれ

を充足すること」である。そしてそのために，「『ケア』は情動，特に気懸かり・気遣いの心情を含む」，「『ケア』は働きかけとして表現される」。この2点は「ケア」が心情であると同時に行為であるために，他者へのケアをおこなうには気持ち（心・感情）がともなっているはずであることを示している。さらに，「『ケア』は対等な人間間の相互性，共存・共生に関わるもの」であり，「『ケア』は人間にとって本質的なものである」。メイヤロフ[8]は哲学の立場から，「一人の人格をケアすることは，最も深い意味で，その人が成長すること，自己実現することを助けることである。…他の人々をケアすることをとおして，他の人々に役立つことによって，その人は自身の生の意味を生きているのである」と著している。ここから「ケア」は，文字通り援助の必要な他者を気遣い，援助するといったことにとどまらず，その過程を通じて個人の本質的な成長にかかわるものであること，そしてそれは何より他者との関係性のなかにこそ成立するものであることが強調されているのである。

一方，これまでみてきたように「ケア」は「語義が非常に曖昧であり，時に包括的・広範な意味を含む語」である。日本語でいう看護，介護とほぼ同義のものとして使われている場合もあれば，より広い意味で使われる場合も存在する[9]。川本[10]は，「ケア」の多義性に注目し，それを「介護」，「世話」，「配慮」の3つに分節化した上でそれぞれ看護学，心理学，系譜学の分野での考察と照らし合わせている。ケア概念の曖昧さの背景には，このように異なる学問分野で検討されてきたことも関係しているだろう。このうち次項では，心理学と看護学における「ケア」の議論をジェンダーとの関連からまとめてみたい。

2.「ケア」とジェンダー

2-1.「ケア」意識の発達とジェンダー

　「ケア」とジェンダーとの関連について問題提起をおこなったのは，発達心理学者キャロル・ギリガンである。ギリガンは，著書「もう一つの声（*In a different voice*）」でコールバーグの提唱した道徳性の発達段階説に対して，道徳性の発達には男女で異なる2つの道筋があるのに，男性の被験者だけを対象とし男性の声しかとりあげていないと批判した。しかも，その発達の枠組みと合わないような（女性の）発達過程を，「道徳性の発達に欠陥がある」ようにとらえている[11]のである。彼女はそのような女性の声を明らかにするために，女性を被験者としたインタビューをおこなった。その結果，コールバーグにおける男性の道徳性は葛藤の解決を「公正さ」にもとめ，あらゆる状況に適用できるような客観的・普遍的に正しい解決を目指しているのに対し，女性は文脈に依存し，具体的状況にそった形で（現実的な結果を考慮して）かかわりをもち，他者に責任をもつという観点から解決をもとめることを明らかにした。これがコールバーグの「公正さの道徳性（ethic of justice）」に対する「配慮と責任の道徳性（ethic of care）」である。

　さらにギリガンは「配慮と責任の道徳性」についても発達段階を設定し，「『個人の生存』にひたすら関心を向けるだけ」の第1レベルから「他者を世話しようとする責任感を媒介にして『自己犠牲としての善良さ』」の第2レベルに至り，さらに自己への責任という視座を獲得して「世話を（一方的な自己犠牲としてでなく）自他の相互性に即して理解する（自他ともに傷つけないことを普遍的な道徳とする）『非暴力の道徳性』」である第3レベルに到達するという過程を示した。彼女は，「配慮と責任の道徳性」も「公正さの道徳性」に劣らぬ整合的な発達段階をたどること，さらにこの2つの道徳性の統合によって人間としての成熟が果たされることを示そうとした[12]のである。

2-2. 看護領域における「ケア」の研究

一方，看護の領域において「ケア」の概念は 1980 年代以降，医療技術が高度化するなかで患者の生活の質（quality of life）や，患者とのかかわりにおける専門職としての看護のあり方が見直されるにともない注目されてきた。しかし，看護において「ケア」は看護の本質または中核概念と位置づけられながら，その定義は研究者によって異なり一致していない。このうち多くは「ケア」を患者との人間関係・援助のプロセスとしてとらえており，技術的な看護のスキルと感情的（倫理・道徳的）な看護のスキル，2つの主要な要素がある[13]。そして後者には「キュア（治療）」に対して「ケア」を用いる場合のように，医療の科学的客観性，普遍性を重視する態度に対して，個別的な「臨床の知」を重視する意味が含まれる。すなわち，これまで主流となってきた知の枠組みに批判的に対置する概念として使われているのである。

看護の領域においても「ケア」概念が注目される背景のひとつとして，フェミニズムの影響が指摘されている。なぜなら生命への畏敬の念，各個人の独自性の尊重といった基本姿勢が看護と共通するものだから[14]であるが，実際にはこれらの研究にジェンダーとの関連の指摘はほとんどみられない。これには看護領域の「ケア」の視点があくまで患者にあり，患者の健康や変容に主眼をおいているためということが考えられる。しかしそれだけでなく，先のギリガンらの文脈を除いては「現実のケア，特に『ケアすること』はジェンダーと関連のある／関連づけられた事象であるにもかかわらず，ケアそのものを主題にした論考においては性別との関連はまったくと言ってよいほど問題にされていない[15]」のが現状といえる。こうした背景には，「一方で性のカテゴリーそのものが現状を肯定するものとしてなるべくこれを使用しないようにするものの，他方で女性の経験を積極的に掘り起こそうとするフェミニズムの両義性[16]」があると考えられる。ギリガンも「配慮と責任の道徳性」は女性と密接に関係しているものの，女性のみに限るものではないことを強調しているが，性別と

の関連を取り上げるほど性別役割分業を固定化させる結果になることを懸念したものといえる。しかしギリガンの主張も,「キュア」に対する「ケア」概念も, これまで主流であった「男性中心の道徳観（公平さ, 正義）」あるいは「医学（科学）的な患者対応」のみに価値をおくことに異を唱え, 新たな価値への視点を提供するものとして共通している。

このように「ケア」概念は, フェミニズムの方向性と一致しつつ, 多様で新しい価値を志向するものとして重要性を増しているといえる。しかし一方で,「ケアする（ケア役割を担う）」ことが実際にどのようなことなのかにも目を向けることが必要であろう。なぜなら現実には看護職のバーンアウト, 母親の育児不安など, ケアすることにともなうストレスの問題が多く指摘されている。ケアはやりがいや人間としての発達をもたらすものであるが, 一方で実際にケアに携わる人からは負担感を訴える声が多くあげられている。「ケア」の現実的, とくにネガティブな側面にも目を向けなければ, ジェンダーの視点が弱められたままか, あるいはケアが美化され, 女性の役割として固定化するのを強める可能性があるからである。このような「ケア」の負担感・つらさの側面に関して示唆を与えてくれる, ホックシールドの「感情労働」の概念について以下に考察したい。

3. 感情労働としての看護職

3-1. 感情労働とは？

感情労働とは,「自分の感情を誘発したり抑圧したりしながら, 相手の中に適切な精神状態を作り出すために, 自分の外見を維持する努力[17]」であり, 社会学者ホックシールドが客室乗務員の訓練過程を分析することにより用いた概念である。客室乗務員は, どんなに不愉快な乗客に応対するときでも感じのよい笑顔を絶やさず優しい態度で接しなくてははらない。すなわち職業によってふさわしい感情（感情ルール）があり, それを表現するよう自分の感情をコン

トロールすること（感情管理，感情ワーク）が職務の一部となっているのである。感情労働には3つの特徴があり，第一に，対面あるいは声によって人と接触することが不可欠な仕事である。第二に，他人のなかに何らかの感情変化（感謝や安心など）を起こさなければならない。第三に，雇用者が，研修や管理体制を通じて労働者の感情をある程度支配する[18]という。

これまで感情は，人間を人間たらしめる本質的な特徴として肯定的に捉えられる一方で，「理性の優越，感情の蔑視」という近代西洋の枠組によって公共から閉め出され，私的（プライベート）な領域に封印されてきた。さらに公共領域から閉め出されてきた女性や人種的マイノリティに対し感情的というレッテルが貼られるようになった[19]。感情的で，繊細で，他者の感情をよりよく読みとり親密な関係を作るといった女性のジェンダーステレオタイプは，感情ワークが女性により多く要求されていることを示している。

スミス[20]は看護師に対するイメージには，ナイチンゲールに代表されるように，ジェンダーステレオタイプが繰り返し再生産されており，ケアが女性の自然な仕事（特性）とみなされることによってケアが軽視されてきたことを指摘している。さらに看護師を対象に面接調査をおこない，ケアのなかでは罪悪感，おそれ，失敗，怒りなど患者とのさまざまな（多くは否定的な）感情的なかかわりがおこなわれ，同時にその感情をうまく対処しようとする，すなわち感情ワークがおこなわれていることを明らかにした。しかし感情ワークは，たとえば死を前にした患者と接する時のように肉体労働や技術的労働と同じくらいハードな場合があるにもかかわらず，普段は目にみえない形か，みえてもごく「ちょっとしたこと（たとえば寒いときに毛布をもってくるなど）」でしか表すことができないために，それほど認知も評価もされていない[21]のである。

看護師がケアをおこなう患者は，客室乗務員の乗客と異なり必ず何らかの問題や葛藤をかかえているために，不安などのネガティブな感情に対しより多くの共感が必要となる。しかし時には攻撃さえむける患者に共感をし続けるには疲労をともなう。「感情労働」の概念は，このようなケアによる疲労の背景を，

より明確に描き出すものと思われる。

3-2. 感情労働のコストとしてのバーンアウト

　看護師のおこなうケアが感情労働であり，そのネガティブな結果＝コストの代表的なものと考えられているのが「バーンアウト（burnout）」である。バーンアウトは「長期間にわたり人に援助する過程で，心的エネルギーが絶えず過度に要求された結果，極度の心身の疲労と感情の枯渇を主とする症候群」と定義[22]され，看護師，教師など対人サービス職に特有なストレスとしてさかんに研究がなされてきた。

　これまでみてきた「ケア」概念の考察では，多くの研究者がケアのネガティブな結果としてのバーンアウトに言及している。たとえば岡本[23]は，看護師のケアの行為があまりに激務であるために「ケアのもつ『行為』と『心』（または個としてのアイデンティティ）の2次元が乖離してしまう状態」をバーンアウトと考えている。また森村[24]は，「他者をケアすることで自分をケアし忘れる，自己犠牲的な状態」を，さらに内藤[25]も，他者の欲求・必要性を優先させつづけた結果，「自分の棚上げ〜ケアする人の主体の空洞化」をバーンアウトとしている。

　また，感情労働の結果バーンアウトに至るとした指摘もなされている。ホックシールドは感情管理には2つの方法があり，ひとつは無理な要求をする患者にも不快な顔をみせないというように，本当の感情を隠して表向きの顔を作ろうとすることを「表層演技」と名づけた。しかしそれはあくまで本当の自分ではなく，後ろめたさがつきまとう。しかももとめられているのは偽物でなく，「本物の」優しさなのである。そのために感情ルールに従った望ましい感情を感じるよう，自分の感じ方そのものを意識的・無意識的に変えることを「深層演技」と呼んだ。そして多くの看護師が職場と私生活での自分を切り離し，職場で「偽りの自己」を演じているうちに無意識に患者を遠ざけたり，本当の感情を感じないよう無意識の防衛をおこなったり（感情麻痺）してしまうのであ

る(26)。これはまさに，バーンアウトの症状のひとつである「脱人格化(depersonalization：患者に対する冷淡な態度)」である。

　しかも彼らが感情ルールに従うのは単に給料といった功利的な動機のためだけでなく，それに従わないと看護師としてふさわしくないとみなされてしまう，すなわち看護師としてのアイデンティティにかかわるからである(27)。ゆえに感情ルールに従えなかった場合には，あるいは感情ルールに従っていない「本当の感情」を認識することは自責の念，低自尊心をもたらし，アイデンティティの危機にさらされてしまうのである。

　このように看護職のバーンアウトは，ケアのコストとして従事者のアイデンティティを脅かし，深刻な事態を引き起こすものと考えることができる。しかしこれまでのバーンアウト研究，とくに実証研究においてはバーンアウトとケア特有の性質との関連をとりあげた研究は少ない。これまでは一般的な職業ストレス研究の枠組みを応用した研究が主流であり，役割葛藤や仕事過重などの組織ストレッサーがバーンアウトにおいても主な関連要因とみなされてきた。しかし，それでは「バーンアウト」と「ストレス」，「うつ」などの類似の概念との弁別的妥当性の問題が残されてしまう。ケアの要求する感情面に焦点を当てることにより，ケアに携わる職種特有のストレスとしてのバーンアウトの性質を明らかにすることができると思われる。またジェンダーについてもこれまで，バーンアウトの程度を性別で直接比較し，性差は明確に現れていないとするにとどまっているが，個人の「ケア」意識の発達段階との関連など，ジェンダー（心理・社会的性差）視点で研究をしていくことが必要であろう。

4．「ケア」意識の発達とキャリア教育の可能性

　以上，「ケア」の概念についてジェンダーとの関連を中心に考察し，ケアのコストとしてのバーンアウトの問題にふれてきた。先述のように，ケアの行為には感情がともなうが，感情は近代社会の枠組みからは軽視されており，同じくその枠組みから外されてきた女性や人種的マイノリティと結びつけられてき

たと考えられている。「ケア」意識の発達にはまず, 感情の軽視あるいは感情やケアは女性のものとの偏見・ステレオタイプから脱却する必要がある。さらに, バーンアウトはケアのなかで他者に専心しすぎた結果, 自分の真の感情を見失う過程ととらえられる。しかし他者をケアするあまり自分のケアができなくなる状態は, ギリガンの「配慮と責任の道徳性」の発達段階でいえば, 第2レベル「自己犠牲としての善良さ」にとどまってしまう。「自他の相互性に気づく」という第3レベルは, 患者へのケアを通して看護師自身もケアされ, 両者がともに自己実現へと向かうものである。よってここに到達するには自分と他者, すなわち多様な存在への配慮（ケア）, 共生を志向する視点が必要となる。

看護職のキャリア教育においてこのような「ケア」意識の発達を支援するならば, 多文化教育, すなわち「ステレオタイピング, 偏見を防ぎ, 自分とは異なった集団及びそれに属する人々の観点（生き方等）について知り, 理解する」「主流の文化, ないし自己の文化との異なりを欠陥としてではなく, 異なりとして受け止め」「文化的多様性をもつことの強さと価値の認識を進めること」[28]を目指す教育から多くの示唆を得るものと思われる。

「ケア」意識の発達に向けた教育として, 林[29]は学校教育での実践例を紹介している。そこでは異学年交流, ボランティアやロールプレイなどを通じて子どもたちが多様な他者と接し, 他者との関係性を自然な感情・情意的共感によって理解することを目的とした取り組みがなされている。しかし看護教育においては看護理論や技術面に関するカリキュラムが中心であり, ケアに関するカリキュラム（コミュニケーションや死など, 心理社会的なテーマ）は全体の十数％に過ぎず, そして「ケア」概念そのものや, ケアにともなう感情について取り上げられることはほとんどないとの指摘[30]もある。今後看護職のキャリア教育において「ケア」概念への注目, それ自体が多様な他者・価値への志向であるとともに, みずからのバーンアウトも予防する。自分・多様な他者の共生に向けた「ケア」意識の発達支援が, よりいっそう重要になるものと思われる。

第5節 アイヌ民族と教育
―先住民族の歴史・言語教育の再考―

　アイヌ民族は，かつては北海道を中心に千島，樺太，本州北部に広く居住し，狩猟採集漁労をはじめ雑穀農耕を営み，北方における交易活動を広範囲におこなっていた人々である。しかし，政治的・経済的な支配や日露間の国境線の確定など歴史の変遷のなかで日本に組み込まれ，居住地域も北海道に狭められていった。

　近代の国民国家形成の過程で，集団の意思とは無関係に国家に組み込まれていった先住の民族を「先住民族」という[1]。彼らは国家に内包されていく過程で独自の価値観にもとづく土地や資源などの所有権を奪われ，民族の文化的な価値に対しても変容を強いられてきた。しかし，組み込まれた国家のなかにあ

アットゥシ織りに施されたアイヌ文様（藤谷るみ子作）

っても，独自のアイデンティティをもちつづけ，なお文化的な枠組みを維持しているエスニック集団である。アイヌ民族は幕末から明治にかけての近代日本の形成期に国家に組み込まれた北方少数民族であり，先住民族という特定の概念に当てはまる。彼らはこれまで日本の社会のなかで権力機構から離れたマイノリティーであり，経済的な搾取と社会的な偏見や差別にされてきた。文化的にも民族の言語や価値観が貶められ，かつては「滅びゆく民族」とまで言われた。

現行の日本の教育システムのなかでアイヌ民族のような先住民族について学習する機会はほとんどない。学習指導要領で学習項目とされていないため，教科・科目で教えなければならないものではない。しかし，日本史や地域の学習，人権問題など今日的な課題や総合的な学習の題材となることがある。ただし，任意な課題のため教員の意識や裁量によるところが大きいといえる。教科書の記載も執筆者や出版社の問題意識に委ねられているといっていいだろう。こうした点は，視点を変えれば，アイヌ民族出自の子どもたちがみずからの民族の事柄を学ぶ機会が保障されていないことでもある。

歴史のなかで意思とは無関係に国家に組み込まれ，さまざまな制約が加えられ，権利を奪われ，社会的にもハンディを負わなければならない先住民族が，今もなお自民族の歴史や言語を学び，文化や価値観を継承する機会が公教育の場では制度として認められていない。国内の先住民族がどのような位置にあるのか，その置かれた状況を把握し，共生をめざす社会の実現に向けての方策をアイヌ民族とともに見出していくことも多文化教育の目的であろう。

ここでは，まず，学校教育について，とくにアイヌ民族に関係する事象の多い歴史教育について考察していく。これまでの歴史教育のあり方について考察するとともに，アイヌ民族の歴史が歴史教育のなかでもつ意味も考えていくことにする。つぎにアイヌ民族の民族の指標となる言語について，その置かれた状況を踏まえ，復興運動のあり方について考察してみる。そして，近年制定された「アイヌ文化の振興並びにアイヌの伝統等に関する知識の普及及び啓発に

関する法律」(「アイヌ文化振興法」)におけるアイヌ語教育関連事業のあり方を参照しながら、アイヌ民族の教育と文化の権利について考察していくことにする。

1. アイヌ民族の歴史と歴史教育

近年アイヌ民族の事項を学校教育の場で扱う機会が増えている。小中高の各レベルで歴史を中心に多教科で取り組みがなされている。北海道内ではさまざまな実践例の報告もなされている[2]。また、平成元年の学習指導要領改定以降に改訂された教科書についても、それ以前のものに比べ記述の分量は増加し、内容項目も増えていることが指摘できる[3]。このような動向は、1980代中頃からの「アイヌ新法」制定運動や国連国際先住民年という社会的な出来事が影響している。教員や研究者の問題意識の広がりに支持され、教育現場で盛んにおこなわれはじめたということができるだろう。ここでは歴史教育に絞り、アイヌ民族についての教育を考えていくことにする。

アイヌ民族にかかわる歴史を考えるとき、歴史を叙述する主体を考える必要がある。アイヌ民族のことを叙述した史料が誰によって書かれ、何のために記されたものかを考慮して歴史を再考する必要がある。それは、かつてのアイヌ民族が無文字社会にあり、叙述した歴史を残していなかったためである。無文字社会は、文字なしに充足した、むしろ「文字を必要としなかった社会」[4]であるといわれる。彼らが記録を残さず、歴史をもたなかったというわけではない。アイヌ民族は文字を媒体としない口承という独自の情報伝達システムをもち、世代間の知識の継承や世界観の共有が口承によりおこなわれていた[5]。しかし、これらは一般的に考えられる歴史的な記録とは質的に異なり、客観性や厳密性には限界がある[6]。したがって、歴史としての記録をもとめるには、アイヌ民族の外側にもとめざるをえないことになる。現在残っている近代以前の史料は、中国やロシアの記録を除けば、アイヌ民族との関係があった和人たちによって書き残された記録であり、明治以降は開拓使や民間に残されたものが、

アイヌ民族を知る基本的な史料となっている。

　こうした記録は，和人の交易の記録であったり，統治者の記録の性格をもつものである。出来事は表層のみが記され，アイヌ像は和人の目を通しデフォルメされた姿で描かれている。アイヌの内側を捕らえようとしたものはわずかな例しかない[7]。アイヌ民族は無文字社会であったがゆえに，残された史料自体が他者の目を通して叙述された，バイアスのかかったものなのである。そうして創られたアイヌの歴史には，おのずと限界があることになる。

　さらに，歴史学のあり方にも問われる点がある。これまでの歴史が，中央の権力の変遷を基軸に展開されてきたことに起因する。歴史研究のなかには中心・周縁の構造があり，北方史のような周縁の歴史は，国家形成と大きくかかわるものではなかった。

　これらのことは歴史教育をおこなっていく上でも影響を及ぼしている。客体化されたアイヌ民族の歴史は，日本通史のなかでは局所的なものである。アイヌ民族の歴史の自立性は存在せず，中央の歴史に従属したものとなる。とくに，幕末から明治にかけての北方史の教科書記述で，それは顕著となる。たとえば，アイヌ民族がその居住地域とともに日本領土に組み込まれた経緯を記述したものはない。蝦夷地は二度にわたる幕領期を経て実効支配が進み，明治2年に開拓使が設置される。こうした歴史は記述されてはいるが，これをもって日本とアイヌ民族との関係を正確に示したといえるだろうか。国境線も日本とロシアとの関係で引かれたものであり，先住民族の意思とは無関係なものである。しかし，その結果，彼らの生活圏であるアイヌモシリ（ainu mosir）は分断され，無主地とされ両国に組み込まれたのである。高度に政治的な問題にかかわるために，教科書に記述がないのであれば，アイヌ民族にとってはきわめて欺瞞に満ちたものといえる。

　日露間の度重なる国境線変更により，アイヌ民族は移住を強いられ，生存権が侵害された。樺太アイヌは多大な被害を受け，千島アイヌはこれにより絶えたといわれる。しかし，そうした事象は教科書でふれられてはいない。明治政

府により制度的におこなわれた強制移住，土地の収奪，狩猟・漁労の禁止などによる生存の危機，そして一連の同化政策の歴史を抜きにして，現在のアイヌ民族の状況を理解することはできないのである。

北海道ウタリ協会では，長年受けてきた偏見や差別を払拭するための取り組みを組織的におこなっている。そのひとつに歴史と歴史教育の見直し作業がある。地域に埋もれているアイヌ民族の歴史を地域の研究者とともに研究している[8]。また，市町村が作製し，学校に配布している副読本の記述内容の検討などを通して，アイヌ民族の歴史を正しく教授するようにもとめてきた。アイヌ民族が現在もおかれている社会状況を改善するためには歴史を多面的に精査し，広く社会に認知をもとめていくことが不可欠と考えているからである。

これまでの歴史教育が，アイヌ民族自身の歴史を語るものではなかったことを示してきた。明治に近代学校ができて以来，通史を扱うことが歴史教育の基本的な性格としてある。現存する国家の正統性を歴史的に位置づけるためにおこなわれる歴史教育では，国家の視点で歴史が構成される。アイヌ民族のような先住民族は，国民国家形成のなかで翻弄されてきた集団であるが，そこではこうした集団の歴史は忘却されていくことになる。

歴史教育が国家の視点から離れ，国家を超えた地域との関係に視野を広げ，長期的な時間枠で捉えたり，社会集団や地域の人々に視点をおき，変動や多様性を捉えたりするもの[9]となれば，歴史の認識は大きく変わることになる。アイヌ語や口承伝承からも既存の史料に新たな解釈をもたらす貴重な提案がなされることもあるだろう[10]。アイヌ民族の歴史を考えることは，歴史教育の枠組みを転換させる端緒になるのではないだろうか。

2. アイヌ語とアイヌ語教育

　アイヌ語は言語学の分野では「消滅の危機に瀕する言語」といわれる。その背景には，明治以降に進められたアイヌ民族への同化政策がある。日本語への転換を図るために学校教育を通して国語教育が徹底された。「北海道旧土人保護法」（1899年公布）が制定されたことを受け，「旧土人児童教育規定」が1910年に公布された。これ以後，アイヌ民族の子どもには，教科のみならず学校生活全般で日本語が用いられるようになり，アイヌ語の使用が制限されていった[11]。その影響が家庭に及ぶには時を要しなかった。社会でもアイヌ民族の劣等性はアプリオリなものという言説が広まり，アイヌ民族の意識のなかにも浸透し，次世代へ自文化の受け渡しを拒むようになっていった。その結果，豊かなアイヌ語の文化が生活の場から消えていくことになった。アイヌ語が消滅するという言説は，早い時期からみられる。しかし，現在も母語話者は少なくなったものの，潜在的話者[12]を含めアイヌ語話者は相当数おり，言語は維持されている。ただ，話者の高齢化は否めないところではある。

　アイヌ語の復興運動は，1980年代後半から活発におこなわれるようになってきた。その中心となるのが北海道ウタリ協会の支部が開設している14ヶ所のアイヌ語教室である[13]。1985年に平取町二風谷と旭川で開設されたのが始まりである。道内各地のアイヌ語教室は，その地域にいるアイヌ語話者が講師となり，定期的におこなわれている。現在アイヌ民族の圧倒的多数にとっては日本語が母語となっており，アイヌ語は日常的なコミュニケーション語でもなく，思考媒体でもない。そのためアイヌ語教室では基礎的なアイヌ語学習がおこなわれたり，文化学習がおこなわれたりしている。年齢層を分けたり，地域の実情に合わせたりした学習がおこなわれている。第二言語の習得をめざすというよりは，アイヌ語にふれ，アイヌ的な考え方や知識を増やしていくというものであることが多い。高齢者にとっては懐かしい記憶を呼び起こすものでもあり，若者にとっては民族的なアイデンティティを確認する場でもあるようで

ある[14]。現在はアイヌ語が民族の象徴としての意味をもち，アイヌ語の学習は，歌舞(かぶ)の練習とともに民族性の発露となっていると考えられる。

アイヌ語が生活言語として普及するものであるかは，今後の動向をみなければわからない。かつて，イスラエルで消滅しかけていたヘブライ語を民族の生活言語として復興させたという事例がある[15]。しかし，言語の経済性においては圧倒的優位にある日本語の生活環境のなかで，アイヌ語を生活言語として普及させるには，社会的な位置づけを明確にし，文法や表記法に統一性をもたせ，新たな表現方法を模索するなど，相当な意志と努力を要するものとなるだろう。学校教育のなかでアイヌ語を教えるべきだという議論もある。日本語以外の国内言語を学習する意味は大きいものである。だが，アイヌ民族のなかには過去に受けた差別の記憶がいまだに残っており，アイヌ語そのものを受け入れられない人々もいる。また，アイヌ語よりも英語という意見は，昨今の子どもの教育を考えれば切実なものでもある。しかし，こうした意見は留保しても，制度としてアイヌ語の学習環境を整備することは，先住民族の言語・文化を継承，発展させていく上で，まず必要なことであろう。そこで，つぎに近年制定された「アイヌ文化振興法」が，アイヌ語の普及活動へ直接関与する法規として制定されているので，これを検討することにする。

3.「アイヌ文化振興法」と先住民族の権利

アイヌ民族は国際的な先住民族の自決権獲得の運動の影響を受けつつ，80年代から「アイヌ新法」制定運動を繰り広げてきた。国際先住民年やアイヌ民族出身の萱野茂が参議院議員になるなどの追い風を受け，1997年に「アイヌ文化の振興並びにアイヌの伝統等に関する知識の普及及び啓発に関する法律」(「アイヌ文化振興法」)が制定された。これによりアイヌ民族が長年もとめていた「北海道旧土人保護法」の廃止が実現した。しかし，北海道ウタリ協会などが，アイヌ民族の自立した生活を図るためにもとめていた「アイヌ新法」とは内容が大きく異なるものであった。同法は「アイヌの人々の民族としての誇り

が尊重される社会の実現」と「我が国の多様な文化の発展に寄与する」ことを目的として制定され，アイヌ文化の振興とアイヌ民族の伝統理解を促すものに限定されることとなった。

ここで規定された法令の趣旨は，指定法人である財団法人アイヌ文化振興・研究推進機構の事業として具現化されることになっている。そこでの事業を大別すると，「アイヌに関する総合的かつ実践的な研究の推進」「アイヌ語の振興」「アイヌ文化の振興」「アイヌの伝統等に関する普及啓発」の4分野に分類される。そのうちここでは，「アイヌ語の振興」について考えることにする。

「アイヌ語の振興」事業の中心は，専門家によるアイヌ語指導者育成と上級者に対する講習にある。「消滅の危機に瀕する言語」とされるアイヌ語にとって，話者として将来中核的な役割を担う人材の育成をめざした事業がおこなわれている。その内容は，指導者育成に関しては，大学等のアイヌ語研究者による講習が年に数回おこなわれている。上級者講習では，研究者や堪能な話者により年に1～2週間の集中講義がおこなわれている。このほかに毎週15分のアイヌ語ラジオ講座番組が作られＳＴＶラジオで放送されたり，アイヌ語学習振興のために年一回アイヌ語弁論大会が催されている[16]。

これらの事業は，長期的におこなわれることで成果が現われてくるものであろう。ただ，事業の規模や内容を考えてみると，現状でも不十分な点が指摘できる。一例をあげるならば，上記の講習への参加者は毎年北海道ウタリ協会各支部から推薦された者で，その人数は数名と少ない。語学訓練というには日数的にも不十分な感は否めない。一般のアイヌ民族の人々がアイヌ語を学習するには，アイヌ語教室に行くことになるが，これが北海道ウタリ協会の支部で月に数回おこなわれているにすぎない。講師の負担も大きく，財政面で国や行政からの直接的な支援はほとんどないのが実態である。こうしたアイヌ語教室のような初級者むけの語学教育が事業としてあったり，既存の教室に対する直接的な支援事業が企図さることも望まれる。「アイヌの人々の民族としての誇りが尊重される社会の実現」をめざすならば，過去の国策により現在消滅の危機

にさらされている言語の復興は，真摯に取り組まれるべき課題であろう。そこで，言語教育を民族の権利という視点から考えてみる。

　先住民族の集団が自己の言語を使い継承させていくことは，その権利と考えることができる。このことは，「市民的及び政治的権利に関する国際規約」（「国際人権規約Ｂ規約」）などの国際法に準拠すれば明確である。国際人権規約Ｂ規約第27条では，「少数民族の権利」として文化享有権が示されている[17]。規約人権委員会は「市民的及び政治的権利に関する国際規約27条に関する一般的性格を有する意見」[18]で締約国がおこなう措置を示し，日本政府にその履行をもとめている。その措置のひとつに，「自己の文化や言語を享受しかつ実践させ，自己の宗教を実践する権利を保護する」ための積極的措置を講じることとある。類似の規定は，「国際労働機関（ＩＬＯ）169号条約」第28条3項にも，「先住民族言語の保全と発展と利益を促がすための措置を国家がとること」として規定されている[19]。

　これをアイヌ語の普及に鑑みたとき，現在のアイヌ語振興事業が充分なものといえるかどうかは疑問の余地が残る。さらに，国連人権委員会の先住民族の権利宣言案検討作業部会で作られている「先住民族の権利宣言案」では，その第14条で，先住民族の言語，歴史，口承伝承，哲学，筆記法及び文学などを復興させ，使用し，発展させ，次世代への展望も示し，これを保障するために国家に効果的措置をもとめている[20]。換言すれば，先住民族がみずからの言語を復興させ使用し，発展させていくことが，先住民族の権利として認められることを意味している。そして，国はそれを保障する措置を取ることがもとめられているのである。

　これまでみたように，国は「アイヌ文化振興法」を制定し，そのもとで事業を展開しているが，言語教育のプログラムとしては限定的なものとなっている。先住民族の言語であるアイヌ語を保持し，発展させていくことを民族の権利として認めることは，国際的にもとめられていると考えることができる。アイヌ語の普及は民族的なプロジェクトとして，その教育は国家的な課題として取り

組まれるものであろう。アイヌ民族にとってアイヌ語がいかなる意味をもつものなのかは，自他ともに熟慮すべきものといえるのではないだろうか。

　これまで歴史教育とアイヌ語教育のあり方について考察してきた。歴史教育ではアイヌ民族が無文字社会であるがゆえに歴史の主体を獲得しえず，国家的な視点から記述された歴史のなかで周縁化され，歴史から抹消され，忘却されてきたことを示した。しかし，歴史の視点や枠組みを変えることにより，アイヌの歴史は北方史においても地域史においても，そして，歴史学や歴史教育においても新たな意味を付与する可能性があることを示した。
　つぎに，アイヌ語教育については，危機的な状況に至らしめた背景が学校教育にあったことを示し，現在の復興運動の状況と課題を概観した。そして，「アイヌ文化振興法」の制定にともなうアイヌ語の普及事業について検討を加え，消滅の危機にあるアイヌ語を保持し，継承，発展させていくことが，国際法でも認められている先住民族の教育と文化の権利であることを確認した。アイヌ語がかつてのような生活言語にまで復興するかどうかは今後の動向によるが，アイヌ民族の主体性と国の姿勢がその鍵を握るものといえる。
　このようにアイヌ民族をめぐる教育は，アイヌ民族自身の問題である以上に，国や社会，ひいては国民一人ひとりが，アイヌ民族とどのような関係をもつのかということに行き着く。先住民族という特殊な立場の人々の歴史や文化を受け入れることは，主流社会にいる人々がその過去と対峙しなければならないことでもある。そして，「消滅の危機に瀕する言語」の復興も，危機に至らしめた原因を直視することなくして，改善の途は開かれない。多文化の共生とは他者の文化の価値を見出し，これと調和をとることである。それは同時に将来を見据えて，みずからの枠組みを問い直す過去と現在との対話であるといえる。

第6節 日本における
華僑学校教育の多様化に関する一考察
－社会的背景の変化と華僑学校教育の多様化－

「海水に至る所華僑があり」と言われるように，現在，世界で約3000万人の華僑，華人が生活をしている。日本においても中国からの移民のことは古くから記載されており，19世紀半ば日本の開国を機に来日した中国人により近代日本華僑社会が形成された。その後子どもたちの教育問題を解決するため華僑はみずから学校を設立し，母国の言語，文化，伝統といった民族教育をおこなってきた。振り返ってみれば，華僑学校は単なる学校の機能だけでなく，異国，異文化の環境で暮らしている華僑を支え，華僑社会の統合ないし継続，発展に重要な役割を果してきたと考えられる。一方，華僑学校を取り巻く社会背景の

学園祭で獅子舞を披露する中華学校生

第6節　日本における華僑学校教育の多様化に関する一考察

変化につれ，華僑学校教育も変容をみせている。とくに，1980年代から，在日華僑の生きる日本社会がかつてない多文化多民族化に迎え，それと同時に華僑学校の母体である在日華僑社会も華人化や新華僑の参加により多元化してきている。これらの影響をうけ，華僑学校は多文化化という新たな課題に直面し，大きな転換期に入ったのである。

　そこで本節では，現在華僑学校がおかれている社会的環境の変化に着目し，これを受け，華僑学校が多様化している実態，そして，両者の関係を明らかにすることを目的とする。本節の具体的な構成について，1. の項では在日華僑学校教育の概況について紹介する。2. では華僑学校を取り巻く社会的環境の変化について論述し，2-1. においては1980年代後半から日本社会で急速に進んできた国際化について，2-2. においては華人化と新華僑の参入により華僑社会内部の多元化について論じる。そして，3. では社会背景の変化を受けて多様化する華僑学校の現状を，生徒構成，教育内容，教育方針，教職員の諸側面から考察する。

　つぎに，本節で用いるいくつかの基本概念について説明する。

　「華僑」[1]：「華」は中華，「僑」は仮住まいの意味。中国国籍法により「華僑」とは，外国に定住している中国公民，つまり中国国籍を保持する人々を指す。

　「華人」[2]：「華僑」の概念に対し，居住国の国籍に加入（帰化も含む）し，あるいはそれを取得した中国系の人々を一般的に「華人」と呼ぶ。

　「在日中国人」：日本に在留している中国国籍を有するものを指す。在日華僑の他に日本に駐在する中国の国家公務員，政府派遣技術者，研修生や留学生，就学生，短期滞在及び不法滞在者などがすべて含まれている。

　「老華僑」，「新華僑」：本節においては，1972年日中国交正常化を境に，それ以前に来日した人々のことを「老華僑」とし，それ以降来日した人々のこと，とくに，中国の経済改革，開放政策が実施されてから大量に来日する人々のことを「新華僑」とする。

1. 日本の華僑学校

　1897年，横浜で日本最初の華僑学校が創立されて以来，早くも一世紀の月日が経った。その過程で，華僑学校は震災や戦争，ないし日中両国関係の不安定な時期を乗り越え，華僑子弟のための教育を続けてきた。最盛期の1948年に日本全国で9校の華僑学校があったが，現在，教育活動をおこなっているのは5校のみである。

　華僑学校は全日制で，学期制や入学時期，休日などは日本の習慣に合わせており，一見日本の学校と何も変わらないようにみえる。だが，華僑学校は日本の正規学校教育系統には含まれていない。日本の華僑学校は全て華僑の自主経営・自主管理の学校法人あるいは財団法人学校であり，日本の学校教育法の第1条で定める学校（いわゆる「一条校」）ではなく，外国人学校として第83条「各種学校」の範囲で扱われているのである。日本国民を育てる場所として定められる「一条校」に対し，「各種学校」とは「学校教育に類する教育を行うもの」であり，「行政的規制から比較的自由に，国民の職業や実生活上の要求を満たす教育施設として発展してきた」[3]ものである。そのため，華僑学校は，資金，進学，運営などの面で多くの不利益を受けている。とくに進学資格と資金は二つの大きな課題である。

　文部科学省は華僑学校の高等部の修了生を学校教育法上の高等学校の卒業生

表1　日本の華僑学校

校名	住所	構成	児童・生徒数
東京中華学校	東京都千代田区 5—14	小・中・高	346
横浜中華学校	横浜市中区山下町 142	幼・小・中・高	245
横浜山手中華学校	横浜市中区山手町 43	幼・小・中	383
大阪中華学校	大阪市浪速区敷津東 1—8—13	幼・小・中	210
神戸中華同文学校	神戸市中央区中山手通り 6—9	小・中	640

注：(1) (2)2003年3月に著者作成。学生数は2003年各校の統計によるもの。

として認めておらず、大学の直接受験資格も認めていない。このため、今まで大学進学を希望する生徒が大学受験資格を得るためには、華僑学校の中学を卒業して日本の高校へ進学することが唯一の道となる。一貫した国の閉鎖的態度に対し、一部の地方公立・私立大学は、早くから独自の判断により、華僑学校を含む在日外国人学校の高校卒業生の学力を認可し、大学入学資格を認めていた。これより大幅に遅れて、1999年7月、文部省大学審議会は「大学・大学院入学資格改革方案」を提出し、2000年度から日本の中学校卒業資格がない場合でも満16歳以上の者（合格認定は18歳以降）に大学入学資格検定受験資格が認める方針を発表した。これにより外国人学校の生徒もようやく受験資格が認められ、合格した者は国立大学への受験が可能となった。だが、大学入試以前に9～10科目の大検をうけることは受験生にとって大きな負担である。

華僑学校が直面するもう一方の難題は資金問題である。華僑学校は日本の学校教育法に規定されている「一条校」に含まれていないため、国は補助金を一切出さないというのが最大の原因である。そのため、各華僑学校は授業料のほか、生徒の父母、華僑の実業者、華僑団体からの寄付や学校事業の収入などで厳しい経営を続けている。さらに、華僑学校が特定公益増進法人の対象外であるため、日本政府は、個人や企業から華僑学校への寄付金に対して税控除も認めていない。各華僑学校とも校舎不足や、教育設備の老化など財政難による多くの問題をかかえているのが現状である。

このような厳しい状況のなかで、華僑学校は在日華僑に支えられ、華僑社会ないし日本社会に多くの人材を送り出した。たとえば、著名な野球監督王貞治、料理人陳健一なども華僑学校の卒業生である。

2. 華僑学校を囲む社会的環境の変化

2-1. 日本社会の多文化多民族化

日本は長く単一民族国家と言われつづけてきた。しかし、実際には、アイヌ

の人々，戦争期に連行されてきた朝鮮人，中国人たち，また，近代日本の開国と同時にやってきた華僑たち，これらの人々は日本社会で日本人とともに生活してきた。だが，彼（女）らは，言語的，文化的，社会的背景の違いから，大和民族と同じ民族とは言えない。その意味で，日本は単一民族社会ではなく，古くから多様な文化をもつ複数の民族が生活していたと考えられよう。しかし，存在するとはいえ，彼らは「日本人」の枠のなかで生活をし，民族性の表象化をみずから抑止してきたのである。なぜなら，日本で生活する上で，自分たちの民族性を表に出すことは有利と言えないからである。日本社会の多文化多民族化を論じるには，これらの人々の権利，地位も含めて考えなければならないのである。

　一方，日本は経済の著しい発展を経験し，多様な文化，社会背景をもつ人々が来日するようになった。それにともない，1980年代の後半から日本社会が急激に国際化へと進んできた（**表2**）。

　現在，法務省の外国人登録に登録している外国人のうち，在日韓国，朝鮮人などのオールドタイマーは約60万人，残りはニューカマーである。**表2**によれば，1975―1985年外国人登録者数の増加は約10万人であった。これに対し，1985―1995年は50万人も増えた。また，同じく法務省の統計に，1992―2001年の10年間で日本国総人口の伸び率は2.6%に対し，外国人登録者数の伸び率ははるかに高い45.9%を示している。これらの数字から1980年代以降に来日した外国人の激増傾向がわかる。

表2　外国人登録者数の推移

年	外国人登録者数	日本総人口に占める割合（%）
1975	751,842	0.67
1985	850,612	0.70
1995	1,362,371	1.08
2000	1,686,444	1.33
2001	1,778,462	1.4

法務省「平成13年度外国人登録者統計」により作成。

そして，近年にわたり在日外国人は一時滞在から長期滞在（定住）への傾向がみられる。法務省による外国人在留資格別構成比の推移を参照にすると，この数年，永住者資格をもつ外国人登録者のうち，特別永住者（主にオールドタイマー）の減少傾向とは違い，一般永住者は年々増えてきていることがわかる。また，非永住者のうち，定住者，日本人配偶者，永住者配偶者ビザをもつ長期滞在が可能な人々の増加傾向が目立つ。2001年に法務省が発表した在留資格別の外国人登録者数の内訳によると，永住者，日本人・永住者の配偶者等，定住者が全体の68.4％を占め，これに就労在留資格を加えるとその割合は77.9％にものぼる[4]。来日する外国人の増加と同時に彼らの日本における定住傾向も確実に進んできているといえる。

　異なる言語，文化，社会背景をもつ外国人たちの来日の加速化，滞日の一般化は，日本社会に多文化多民族化をもたらした。とくに，教育分野において，違う文化，違う言語背景をもつ子どもへの多様な対応がもとめられるようになった。しかし，日本社会の教育現状をみると，外国人子どもは日本の学校に入学し，日本人と同じ教科書を使い同じ授業を受け，彼（女）らがもつ民族言語，文化への配慮はほとんどないといえる。さらに在日の人々が母国の言語，文化を継承するために設立した民族学校は日本政府から正式の教育系統としては認められてこなかったのも実情である。

　このように，日本社会の国際化は地域の人々に異なる文化，異なる生き方を，より柔軟な考え方によって受容できる状態を確立していくことがもとめられると同時に，教育をはじめ，すべての分野において日本政府における多様な対応策が要求されている。

2-2. 在日華僑社会の多元化

　日本社会がかつてない多文化多民族化に遭遇すると同時に，従来の日本華僑社会も華人化への動きや，新華僑の参入によりその様相を大きく変化させてきた。

①華人化傾向

「華僑」と「華人」の違いは，簡単に言えば中国国籍をもつかもたないかである。第二次世界大戦後，世界の華僑社会全体における華人化が進み，現在では華僑の数は華僑・華人総人口の一割を占めるのみとなった。これに対し日本華僑社会においては，日本政府の政策や，歴史的な問題などもあり，今まで華僑の数は華人よりはるかに多かった。一方，近年来華僑の生活環境の安定化にともない，日本の華僑社会においても華人化への動きが出始めている。これは三つの要素の影響があったと考えられる。

まずは日本の政策からの影響である。従来，日本政府は外国人を積極的に受け入れる姿勢であったとは言えない。しかし，国際化によって，日本側はより寛容な態度を取り始めた。とくに，1985年の日本国籍法の「父系血統主義」から「父母両系主義」への改正により，日本人との結婚によって出生した子どもはすべて自動的に日本国籍をもつこととなった。また，法務省では，従来煩雑な日本人配偶者の入籍手続きや，外国人の日本国籍への帰化手続きも簡素化した。こうした外国人政策の柔軟化は，華人化を促したと考えられる。

つぎに，華僑社会内部の変化とつながっている。時間につれ，在日華僑社会内部では母国との関連が多く，純粋な民族性を守る意識が強かった一世，二世から，生活，教育，交友などすべての面に日本社会への同化が進んだ三世，四世へと世の担い手の中心が移り変わったのである。華僑三世，四世のうち，日本人と結婚する割合は80％を超えていると言われているように，世代交替は日本華僑社会の華人化と直接的に関係していると考えられる。

最後は中国側の華僑政策とかかわっている。1978年の改革開放後，中国政府は華僑重視の政策を復興させると同時に，華僑が居住国でより安定した生活を送れるように，華僑の自己意思で居住国の国籍に加入することを同意かつ奨励するといった華人化促進政策をとっている。この中国側の姿勢は華僑社会の華人化に影響を与えていると考えられる。

上記の要因を中心として，日本華僑社会における華人化が進んできている。

統計により，1989〜1999年の十年間で，総数3万2610人の中国人が日本国籍を取得している[5]。この華人化への歩みはこれからも継続すると考えられる。

②新華僑の急増

1972年日中国交正常化が実現し，両国の交流は次第に頻繁になっていった。とくに1978年に中国が改革開放政策を採用した後，来日する中国人が年々増加している。2001年末の在日中国人登録者数は38万1225人であり，在日外国人総数の21.4%を占めていた。（1991年は17万1071人，14％，1996年は23万4264人，16.6％）一説では，現在の日本華僑のうち80％は新華僑であるとも言われるほど，新華僑の激増は日本華僑社会において見過ごすことのできない変化である。

新華僑は留学を経て就職した人や，日本人配偶者として来日する人など，来日に当たって付随する目的と背景の違いから，生活状況も大きく異なっている。伝統的な華僑社会は飲食業などのサービス業にほぼ集中しているのに対し，新華僑は飲食業をはじめ，貿易，ＩＴ，金融，教育，芸術など幅広い分野で活躍していることが大きな特徴である。とくに，新華僑のうち，高学歴，専門技術をもつ者の増加が注目されている[6]。そのため，従来の華僑社会のようにある地域に集中して居住する傾向とは異なり，新華僑の場合は日本人居住地域に混住するケースが多くみられるのも特徴のひとつである。

上述のように，新華僑はもつ背景の違いから，日本での生活も多種多様であるため，一概にその特徴をまとめるのが難しい。ただし，新華僑は積極的に日本社会へ参加する強い意志をもち，彼（女）らの華僑社会における発言力も高まっていることは確かといえる。新華僑の急増当然，華僑学校の教育へも多くの影響を与えていると考えられる。

3. 華僑学校教育の多様化

　日本社会における国際化や華僑社会の多元化など華僑学校を取り巻く社会的環境の変化は教育に大きな影響を与え，華僑学校もかつてとは異なる様相をみせ始めている。次項では，生徒構成，教育内容，教育方針及び教職員の諸側面から社会環境の変化を受けた華僑学校教育の多様化の現状を描き，その対応策について考察する。

3-1. 生徒の多様化

　1990年代に入ってから各華僑学校とも生徒数の増加がみられるようになった。その原因はまず新華僑子どもの増加である。たとえば，2002年度の横浜山手中華学校の統計によると，全校児童・生徒386人のうち，新華僑の子どもは143名に対し，老華僑の子どもはわずか27名である。各学校では中国大陸や，台湾から直接来日する新華僑の子どもの増加に対応して，日本語特別コースを作り，専任教員の配置などの措置を講じている。

　つぎは日本国籍をもつ児童・生徒の増加である。近年になり，各華僑学校における日本国籍児童・生徒の増加，とくに低学年になるにつれその増加傾向が顕著である。なかには，日本国籍の児童・生徒数が全校生徒の半分以上を占める学校も出てきている[7]。これは華僑社会における華人化の影響であると同時に，日本社会の国際化を受け国際結婚（ここでは中国人と日本人を結婚することを指す）による日本国籍をもつ子どもの入学とも関係している。そして，見過ごしことできないのは日本人の子どもの入学である。1990年代の後半から各華僑学校とも日本人の在籍者の増加が目立つようになっている[8]。これは，華僑学校が実践している日本語，中国語，英語の三言語教育，国際人育成の方針を多くの日本人が理解している表れであると同時に，日本社会の多文化多民族化を受けて，地域の人々も異なった文化に対して，より柔軟で，より国際的な考えを形成しつつあるからではないか。

華僑学校は国籍，出身を問わずすべての子ども向けに生徒募集をしているため，現在は日本国籍と中国国籍のほか，アメリカ，韓国，イギリスなど多国籍の生徒が在籍している。その出身も，老華僑の子孫，新華僑の子ども，国際結婚の子ども，日本人の子どもなど多様である。また，華僑学校生徒の多様化は，国籍や出身だけではなく，日本への定着度，家庭環境などの違いから，彼らの言語能力，文化的所属性にまでに及び，実に多彩多様である。

3-2. 多彩な教育内容

近年になり各華僑学校における高等部卒業生のほとんどが日本の大学や，専門学校へ進学しているのが共通している。とくに2000年度に華僑学校の高校部卒業生にも大学入学試験検定の受検資格が認められてから，日本の大学への進学率が上昇している。これを日本国籍もつ児童・生徒の増加と併せてみると，華僑学校生徒の日本での定住傾向がみられる。

在籍生徒が日本で生活しており，また，彼（女）らの将来を考えても，主に日本に生活基盤をおくであろうという事実を受け入れ，華僑学校は日本の生活において必要な基礎教養を配慮してカリキュラムを組んでいる。各学校をみると，中国語，中華文化の教授を重視すると同時に，日本語，日本の文化，伝統習慣などの教授も積極的に取りいれ，日本の学校と同じ教科書を使う授業がかなりの割合を占めている[9]。とくに，中学三年や，高校三年になると，各学校とも日本の学校への進学に必要な授業を多く組むように心がけている。また，多彩な教育内容に対応して，各学校は日本語と中国語を同時に授業言語として使用している。

3-3. 国際視野をもつ教育方針

上述のように，現在華僑学校の生徒は多様な文化性，アイデンティティを所有している。このような状況に対応して，各華僑学校では多様な教育方式を用いて，国際的人材の育成という教育方針のもとで，教育をおこなっている。

たとえば、各華僑学校とも中国語、中華文化の習得を目標すると同時に、日本の学校と同じレベルの学力獲得も教育の重点目標としており、国際的に通用する人材の育成を教育方針としている。この教育方針は各学校のカリキュラムや、教育活動などにもしっかりと浸透している。具体的に、中国と日本両方の伝統文化や、風俗習慣を教育内容にとり入れているほか、各華僑学校は生徒の国際的な感覚を育てるために、日本の学校との交流も積極的におこなっている。さらに、学生の国際的能力を育成するため、各華僑学校は小学校から英語の授業を始め、三言語教育の実施を徹底化している。

このように、生徒の多様化に対応して、華僑学校は従来の民族教育から、より柔軟性を含んだ、かつ国際的視野をもつ教育方針へと変わり、新しい歩みを試み始めている。

3-4. 教職員の多様化

多様な生徒構成、多彩な教育内容に対応して、華僑学校における教職員も多様化が迫られている。現在、各学校では、華僑・華人が教員を担当しているほか、教員免許をもつ日本人教員の採用、教師経験のある中国人教員の採用、または英語を母語とする教員の配置など、実に多様な教職員組織となっている。しかし、個人個人がもつ背景の違いから、教職員たちは指導スタイル、教育理念もさまざまであり、それらを統合するのは非常に難しい。したがって、華僑学校教職員の多様化とともに、その質の保障が大きな問題となっている。

在日華僑学校は、その設立以来、伝統文化、民族言語の伝承の重要な場として、華僑社会の存続と発展に貢献してきた。その一方で、経済の発展とともに、日本社会の国際化が進み、日本華僑社会も華人化や新華僑の急増でその様相が多様化してきている。この学校を取り巻く社会的背景の変化を受け、華僑学校の生徒構成も大きく変化した。新華僑の子どもの増加に加え、華僑社会の華人化により日本国籍の生徒も増えてきている。また、日本社会の多文化多民族化

```
┌─────────────┐     ┌─────────────┐     ┌─────────────┐
│日本社会の国際化│ ──→ │華僑学校生徒の│ ←→ │教育内容・教育方針│
│日本華僑社会の │     │   多様化   │     │ 教職員の多様化 │
│   多元化    │     │            │     │            │
└─────────────┘     └─────────────┘     └─────────────┘
```

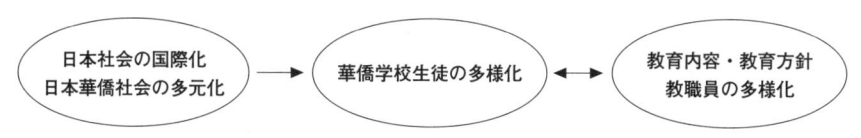

図1　社会的環境の変化と華僑学校の多様化

を受け，日本人の子どもの入学も多くなっている。この生徒の多様化に対し，華僑学校は国際人材の育成という教育方針のもとに，二言語（三言語）・二文化の教育システムを利用して，カリキュラムを整備しはじめ，教育内容，教育方針，教職員などさまざまな面において多様な対応を試みている。また，華僑学校がとっているこうした多様な対応策もさらなる生徒の多様化へとつながっているとも考えられよう。

　このように，華僑学校では従来の華僑の子どもを対象にする華僑教育からすべての子どもを対象とする言語・文化を重視する教育へと踏み出したのである。朝倉征夫が「お互いにの社会的，文化的アイデンティティを認めながら『統合，協同，そして平等』，換言すれば『連帯』こそが，多文化社会あるいは，多文化学校，多文化社会教育にふさわしいあり方である」と指摘している[10]。視点を変えれば，華僑学校の動きは多文化社会における教育への試みとも捉えられるのではないか。この意味で，現在華僑学校がおこなわれている変動は日本社会の教育へも示唆できるものがあるのではないか。

　一方，現制度上では，「各種学校」という枠組みから，華僑学校は進学資格や，資金面など多くの面において不利を受けている。そのため，日本政府に外国人学校に対しより柔軟性のある教育政策を期待する。と同時に，華僑学校自身も教職員の育成問題，日本社会との交流，華僑学校間の連携，地域社会における役割など多くの課題をかかえ，これからの多文化多民族化社会に向けて，再構築を続ける必要性があると考えられる。

第7節　地域日本語教育に求められるもの

　近年，定住外国人の増加にともない，多くの公民館や国際交流協会などで，外国人の日本語学習を支援する教室が開かれるようになってきている。そこで学んでいる人々は，中国帰国者・インドシナ難民・日本人の配偶者・中南米出身の日系人労働者やその子どもたちである。そのなかには，来日当初は一時滞在の予定であったが，日本での生活が安定するのにともない，家族を呼び寄せ，あるいは家庭を築き，定住化していった人々も含まれる。このように日本社会で長く暮らしていくこととなる定住外国人は，時間的な制約があるなかで，職場や学校など生活場面でのコミュニケーション能力と，社会や生活についての実践的な知識を習得していかなければならないという切実な問題をかかえている[1]。2001年11月現在，地域の居住者を対象とする日本語教室の数は563，

学習者数は3万6505人にのぼっている[2]。

　従来，国内における日本語教育の主な対象者は，留学生・ビジネスマン・技術研修者等であった。これらの人々は，学術研究・ビジネス・技術研修等のための手段としての日本語を必要としているという意味で，その目的や動機づけは明確である。しかし，定住外国人の場合，職場や学校などにおいて労働者や学生としての生活がまずあり，そのような生活のなかで「日本語を学ぶこと」は「人間らしく生きること」と不可分のものとして統一的に考える必要があると指摘されている[3]。このように，従来の日本語教育をそのまま定住外国人にあてはめるには，齟齬をきたすと言う指摘がさまざまな分野の研究者や実践者からなされている。日本語学習支援に携わるものにとって，自己の活動に対して絶えず見直しを迫られるだけでなく，職場や学校等において交流の担い手となる地域住民も含め，新たな日本語教育の方向性が模索されはじめている。

　本節では，従来の日本語教育に対するさまざまな分野における議論を整理し，実際に地域の日本語教育現場で多く用いられているテキストを題材に，そこに描かれる日本語学習者と日本語母語話者の関係性について検討し，地域日本語教室にもとめられるものについて方向性を示したい。

1. 従来の日本語教育に対する批判的検討

1-1. 社会教育の分野における議論

　社会教育の分野では，野元（1996）が，従来の日本語教育は機能主義的であるとして批判している[4]。野元の批判はつぎの三点に集約される。

　まず，日本語教育の目的論における道具主義である。すなわち，従来の日本語教育では，理論においても実践レベルでも，日本語運用能力の習得を第一の目的としており，日本語教育を通じてどのような人格を形成するのか，どのような社会を展望するのかといった価値論的な視点からその目的が論じられることは少ないと指摘する。とくに，コースデザインにおけるニーズ分析論におい

てそれは顕著であり，従来のニーズ分析は，日本語使用場面の調査に限っており，生活課題の把握に至っていないという。従来の日本語教育においては，学習者を日本語運用能力に欠ける存在としてのみ捉えており，さまざまな課題をかかえ，より人間らしい暮らしの実現をめざす存在としてみるという視点が欠けているために，生じる問題であるとしている[5]。

つぎに，日本語教育の内容の脱文脈化を指摘する。すなわち，日本語教育内容と，暮らしや労働，地域での生活で学習者が直面する諸問題との間に断絶があるという。たとえば，定住外国人を対象とした日本語教室でよく使用されている教材のひとつ，『新日本語の基礎Ⅰ・Ⅱ』((財) 海外技術者研修協会編)（このテキストは，技術研修生を対象として作られており，定住外国人のために作成されたものではない）のなかの「会話」の部分には，研修生が日本語をよく使用する場面での機能的な会話モデルが示されるにとどまり，労働環境や賃金，外国人に対する差別等にふれられていないのは，一定の価値の選択がおこなわれているからだとする。そして，このような脱文脈化は，学習者から，既存の社会システムや価値観に対する批判的な理解と社会変革への行動の仕方を学ぶ機会を奪い，学習者の内に現実肯定的な態度を育てるという，きわめて政治的な行為であるとする[6]。

さらに，方法における機能主義をあげている。従来の日本語教育では，日本語教師やボランティアが教室の運営・学習の目的・学習内容・学習方法のほぼすべてにわたってそのあり方を決定し，学習者の参加，すなわち，学習者の主体性や自律性を軽視し，学習者の主体的な学習の可能性を否定することをあげている[7]。

1-2. 日本語教育の分野からの批判

日本語教育の分野では，田中（1996）が，従来の日本語教育は「関係性の固定化」を招くと指摘している[8]。田中は，現在おこなわれている日本語教育は，教師と学習者という役割を当然のことと設定し，その関係のなかでまず言語の

フォームからできるだけ効率的に学習をすすめ，それをコミュニケーションの場で応用するというかたちでおこなわれている，という。そのため，日本語だけを問題とする限り，日本人はつねに100％の能力をもっているのに対し，外国人は能力の欠けた者（disabled）でしかなく，日本人と外国人との間に，教える側と教えられる側，ケアする側とケアされる側という関係が成立し，固定化してしまい，学習者にとっては日本語が「抑圧者の言語」となってしまう，のである[9]。

また，古川（1993）は，従来の制度的な学校教育を「学校ゲーム」と呼び，「学校ゲーム」においては，知識をもつ教師から知識をもたない者に対して，知識が与えられ，その与えられる知識は，通常カリキュラムにより規定されている，と指摘する。また，こうした教育観における教師は，もっぱら明示的，記述的な言語知識とパターン化された教育技術の二面性に頼った教授能力を有する，という。そして，日本語教育の分野では，このような一定の固定的な文化をもつとするよりも，相互交渉によって新たな文化を作り出していく必要があるとしている[10]。

1-3. 社会言語学の分野からの批判

社会教育の分野では，杉戸（1995）が，従来の日本語教育は，間違いを少なくすることを目的としておこなわれ，外国人がさまざまなレベルにおいて，それぞれに正しく望ましい日本語を実現できるために，間違ったものであればそれを修正し，指導するのが外国語としての日本語教育であるとしている[11]。しかし，非母語話者の場合，たとえ専門的な日本語教師であっても間違いが抜けないという事例があることを根拠に，外国人側が「正しく望ましい日本語」に向けて努力するだけでなく，日本人側にも「間違った日本語を一旦はそのままで受けとめ，そして積極的に受容していくために必要となる，日本人としての知識，技能，態度」が必要である，としている。

このようにさまざまな分野から，日本語学習者は，一方的に，知識をもたざ

るもの，教えられるもの，ケアされるもの，日本語能力に欠けたもの，という否定的な立場に立たされ，教える側（学習支援者）と教わる側（学習者）の権力関係性が固定化してしまい，学習者側には積極的に自己の学習を組織したり，自己の権利を主張したりする余地がない，などという問題性が指摘されている。

2. 日本語テキストにおける学習者と母語話者の関係性

2-1. 地域日本語教室で用いられる日本語テキスト

　定住外国人を対象とした日本語教室や日本語講座では，その多くがボランティアによって担われていることもあり[12]，定住外国人のニーズに応じた教材が作成・使用されるケースは少なく，多くの教室・講座では留学生やビジネスマンを対象として作成されたテキストが用いられている。これら留学生やビジネスマン向けのテキストは，短期間で効率よく日本語の文型や語彙を学ぶことを目的として作成されており，定住外国人のニーズとは隔たりがあると考えられる。ここでは，地域の日本語教室でよく使用されているテキストのひとつ『みんなの日本語Ⅰ・Ⅱ』（スリーエーネットワーク編）[13]を取り上げ，テキストのなかに描かれる日本語学習者と日本語母語話者の会話場面にみられるそれぞれの発話意図から，両者の関係性について検討してみたい。

2-2. 会話場面の発話意図からみる日本語学習者と日本語母語話者の関係性

　『みんなの日本語Ⅰ・Ⅱ』の「会話」[14]に登場する人物についてみてみると，全50課のうち45課で，日本語学習者（＝Non-Native Speaker，以下NNSとする）と日本語母語話者（＝Native Speaker，以下NSとする）の交流場面における会話が設定されている。以下では，NNSとNSの交流場面を取り上げ，それぞれの発話の発話意図について検討をおこなう[15]。

第7節　地域日本語教育に求められるもの

・日本語学習者（NNS）が会話を切り出す場合
会話例1

サントス：すみません。甲子園までいくらですか。
女 の 人：350円です。
サントス：350円ですね。ありがとうございました。
女 の 人：どういたしまして。　　　　　　（第5課「甲子園へ行きますか」）

　NNSが会話を切り出す場合の典型的なパターンは二つみられる。
　ひとつは，NNSの問いかけによって会話が始まり，それに対してNSが情報提供をおこない，NNSがそれに対する礼を述べるというパターンである（会話例1）。具体的には，デパート・美術館・駅等の公共の場で，利用者であるNNSが必要な情報（商品の所在や値段，開館時間や休館日，電車の乗り場や切符の値段等）を得るため，職員であるNSに問いかけをし，NSがそれに対して情報提供をおこない，NNSが礼を述べるという場面が設定されている。このパターンは，単純な文型を用いる自然な場面で，かつ，来日直後のNNSが初めて体験する場面を設定しなければならない教科書の導入部分で頻出する。しかし，学習が進み複雑な文型を学習したあとも，会話の構造が若干複雑になった形，すなわち，会話の前置きが長くなることにより丁寧さが増したり，情報提供を受けたあとにおいてさらに知りたい情報についてNNSが問いかけをおこなったりするという形で提出されている。このパターンにおいては，NNSが常に必要な情報を欠いており，NSがその情報を有しているという，もつものともたざるものとの間の権力関係が表れているといえよう。
　二つめは，NNSが依頼をおこない，それに対してNSが指示を与えたり了承したりし，それを受けてNNSが礼を述べるというパターンである（会話例2）。このパターンは，自分の力では解決できない問題に直面したNNSが，NSに対して手助けを依頼し，NSがその解決策を指示したり，その依頼を了承したりし，NNSが礼を述べるという場面で多くみられる。このパターンにおいては，NNSはいつも困難な状況を自力では解決できない非力な存在であり，

会話例2

マリア：すみませんが、ちょっと使い方を教えてください。
銀行員：お引き出しですか。
マリア：そうです。
銀行員：じゃ、まずここを押してください。
マリア：はい。
　（略）
銀行員：それからこの確認ボタンを押してください。
マリア：はい。どうもありがとうございました。

(第16課「使い方を教えてください」)

NSは解決のための知恵や知識，情報を有するという関係性が描かれている。
　この二つのパターンに共通しているのは，NNSが自分自身の利益のためにNSに援助（情報提供や支援）をもとめるという点である。そのため，NSである日本人は常にNNSである外国人よりも優位に立ち，NSは必ず感謝の言葉や謝罪の言葉を述べることとなる。困難な状況に直面しがちなNNSにとっては，このパターンの会話は必要な場面設定であり，このような場面で用いられる日本語表現は必要なものである。しかし，このような会話パターンを地域日本語教室において練習題材と用いるさいには，固定化された権力関係が描かれていることに無自覚であってはいけないであろう。このような会話パターンの反復練習により，NNSである外国人とNSである日本人の関係性を固定化させてしまう危険性について配慮する必要がある。

・日本語母語話者（NS）が会話を切り出す場合

　NSが会話を切り出す場合の典型的なパターンは二つみられる。
　ひとつは，NNSが初めてみたことや体験したことに対してNSが感想や印象をもとめ，NNSが答えるというパターンである(**会話例3**)。このパターンでは，NNSの感想や意見は「おもしろかった」「すごい」「すてき」のように肯定的で一面的な評価として表現される場合が多い。
　二つめは，NNSが初めて体験するような場面，たとえば，富士山登山や茶

第7節 地域日本語教育に求められるもの

会話例3

ミラー：ただいま。
管理人：お帰りなさい。
ミラー：これ、京都のお土産です。
管理人：どうもすみません。祇園祭はどうでしたか。
ミラー：とてもおもしろかったです。
管理人：祇園祭は京都の祭りの中でいちばん有名ですからね。
ミラー：そうですか。　　　　　　　　　（第12課「お祭りはどうでしたか。」）

会話例4

小　林：タワポン君。富士山に登ったことある？
タワポン：ううん。
小　林：じゃ、よかったら、いっしょに行かない？
タワポン：うん。いつごろ？
小　林：8月の初めごろはどう？
タワポン：いいね。
小　林：じゃ、いろいろ調べて、また連絡するよ。
タワポン：ありがとう。待ってるよ。　　（第20課「夏休みはどうするの？」）

　道の席等にNSがNNSを誘い，NNSが同意し，礼を述べるというパターンである（**会話例4**）。

　この二つのパターンに共通するのは，NNSにとって初めての体験について，情報をもっている（または情報にアクセスできる）立場にあるNSと，初めての体験を享受するだけという受身の立場のNNSという関係性である。NNSは，受身の立場であるため，否定的な意見や主体的な提案・願望を述べることはない。しかし，NNSの母国に関する事柄を題材として用いれば，立場を逆転させた会話のパターンも想定しうる。たとえば，NSが初めて体験したこと（例えば，NNSの母国の食べ物の試食）に対してNNSが感想や意見をもとめたり（(**会話1**)の立場を逆転させたケース），NSが初めて体験すること（例えば，NNSの母国の祭り）にNNSがNSを誘ったり（(**会話4**)の立場

を逆転させたケース) するという場面を設定することも可能である。しかし，そのような逆転させた場面がテキストにおいて設定されていないのは，野元が指摘するように，一定の価値の選択が意図的になされている[16]と考えてよいであろう。

　地域日本語教室において既存のテキストを用いることにより，学習者に対して感謝の言葉や謝罪の言葉，あるいは日本社会や日本文化に対する肯定的な意見を述べさせることは，学習者にそのような立場を内面化させることにつながる危険性をはらんでいる。さらには，学習者から，既存の社会システムや価値観に対する批判的な理解と社会変革への行動の仕方を学ぶ機会を奪うことにもなりかねない。支援者は，この点に無自覚であってはならないだろう。実践の現場では，意識的に教わる側（学習者）と教える側（学習支援者）の関係性を逆転させるような場面，つまり，学習者が積極的に自分の考えを述べ，意見や権利を主張する場面を設定し，既存の社会システムや価値観，支援者が準備する学習環境などに対する批判的な認識を育てる余地を確保するよう配慮する必要があろう。

3. 地域日本語教育にもとめられるもの

　以上みてきたように，従来の日本語教育では，日本語学習者は，一方的に，知識をもたざるもの，教えられるもの，ケアされるもの，日本語能力に欠けたもの，という否定的な立場に立たされており，教える側（学習支援者）と教わる側（学習者）の関係性が固定化しているという指摘がなされている。また，既存のテキストにおける会話モデルには，NNS（学習者）は困難な状況を自力では解決できない非力な存在，初めての体験を享受するだけという受身の存在として描かれており，このような会話をモデルとして用いることにより，知識をもつ教師と知識をもたない学習者という関係性を固定化させる危険性があることが示された。

　このような関係性の固定化を切り崩していくためには，外国人住民の日本語

学習支援にかかわるものだけでなく，すべての日本人住民と外国人住民が，双方を共に社会を支えていく一員であると捉え，双方が共生社会実現ための学習を進めていかねばならない。

具体的には，山田（1996）が指摘するように，日本語教育は，日本語を何かのための手段・道具と捉える従来の形から脱却し，「個人が学びによって自己変容を促していく」という教育の本来の目的，すなわち大人の「人格形成」に関与しなければならないであろう。教育とは，人が一生を通じて歩む過程である「自己実現」のための思考および行動能力の養成に貢献することである[17]。このような視点を，日本語学習支援にかかわるものだけでなく，地域でともに暮らし，働き，学ぶ人々全てが備え，外国人住民との共生のための新しい文化的教養の創造主体としてどのように自己形成していくのかが大切となる。つまり，日本人側の学習保障の重要性とその公共性も再確認し，公的にしっかりと保障することが課題となろう[18]。さらに，日本語学習が外国人住民にとって「自己実現」のプロセスとなるように，日本語学習を基本的人権のひとつと捉え，それを保障していくことが必要となる[19]。

第8節 地域の国際化と日本語学習（成人）
－三多摩地域の状況から－

　「地域の国際化」と言われて久しい。そして，外国籍の人々が地域で暮らす光景も日常的になってきた。また，情報化の進展等をはじめとして私たちの生活のなかに世界が身近に入り込み，生活様式や意識も変わってきている。筆者の住む昭島市でも平成元年の頃は外国人登録をしている人は約1200人で，その約75%が韓国・朝鮮の人々であったが，平成15年現在では約2100人に増加し，その約60%がアジア・南米をはじめとする世界50カ国からの人々となっている。その時々で外国籍住民の様相は変わってきているが，近年は中国からの残留婦人の帰国にともなう関係者も多くなっている。

　こうした状況のなかで，毎年，自治体や民間団体でおこなわれる国際化にと

公民館での日本語勉強（会）から

もなう事業は増加し，その内容も多様化してきているが，その展開の規模等は，地域によりだいぶ格差があるようだ。また，国際化とは何か，地域で外国籍住民とともに暮らすということはどういうことなのかなど，あらためて考えてみなければならない問題もある。

　ここでは，そうした取り組みの状況と課題を三多摩地域の状況等から考えてみたい。

1. 国際化にともなう事業・組織

　筆者の住む地域では，平成7年に国際化推進プランが出されたが，その後，専門の外国人相談室（**表1**）はまだ設置されておらず，国際交流のために組織化された協会のようなものもない。成人対象としては，もっぱら，市民のボランティアグループの生活相談を含めた国際交流・日本語学習会や公民館主催の国際交流講座・日本語学習があるのみである。近年，学校教育のなかでは，外国人を講師とする国際理解教育や外国籍生徒に対する日本語学習が位置づけられてきているが，成人を対象とする分野では，その実施状況の地域差は大きい。さまざまな生活相談を受け入れる窓口，相談場所は，不慣れで不安な気持ちで生活する外国籍住民にとって地域とかかわる大事な第一歩であると思われる。

　三多摩地域では，**表2**にあるように，地域によって国際交流協会のような民間団体が組織されている。自治体独自が展開する事業もあるが，このような組織ができている地域では，そうした協会が多彩な大規模な事業を展開し，交流をはじめとして生活相談や日本語学習をおこなっている。多くは，自治体から補助金を受け，市に代わって事業を展開し，ボランティアによるさまざまな外国人への支援活動や民間レベルでの国際交流が草の根的におこなわれている。また，展開されている事業の内容やスタイルは地域により特徴があり，地域を越えて参加者を受け入れているところもあり，筆者の地域からも他地域の日本語学習等に参加している人もいる。

表1 外国人相談（平成13年度事業内容及び12年度実績）

地域	相談場所	相談内容	相談員	備考
八王子市	市民生活課	毎月第4水曜 13：00〜16：00	市職員8名・市民相談業務相談員2名国際交流協会（英語・中国語）	
立川市	立川市女性総合センターアイム	対面・電話による日常生活に関する相談 英語・中国語	ボランティア2名	立川多文化共生センター
武蔵野市	武蔵野市国際交流協会	土曜 13：00〜16：00 語学、趣味の情報や日常生活に関する情報を提供 英語	ボランティア2名	武蔵野市国際交流協会
		第4土曜（10月〜）13：00〜16：00 在留資格、結婚離婚、心の健康、保険、労働条件、税金等に関する専門相談 英語・中国語・スペイン語他20言語	ボランティア2〜6名弁護士・精神科医・社会保険労務士・労働相談員・税理士・ボランティア（通訳）	
		火・木・土曜（スペイン語）相談 金・土曜（中国語）相談	臨時職員各1名	
三鷹市	市民相談室	第2金曜（英語）第3金曜（ハングル）第4金曜（中国語）13：00〜16：00 対面・電話相談	委嘱各1名	
府中市	市民相談室	月曜〜金曜 8：30〜17：00 生活、財産、社会福祉、教育の相談、対面相談、通訳制度（英語、中国語、韓国・朝鮮語、ポルトガル語）	市職員・通訳登録者（約30名）	市民相談のひとつとして設置
調布市	市役所市民ロビー	第2・4木曜 13：00〜16：00 対面・電話よる相談 英語・ハングル	外国人協力員1名	
	国際交流協会	随時（ボラティアは第1・3水曜の午後、第2・4土曜の夜間）外国人・日本人からの対面・電話相談/住宅・就労・教育・保育・ホームビジット・日常生活に関すること	市職員2名 ボランティア4名	
町田市	町田市民フォーラム4階 町田国際協会	毎週木曜・土曜13：30〜15：30	町田国際協会生活部会員10名	
小金井市	広報広聴課	対面・電話による相談 日常生活・長期滞在に関すること	語学力に富み国際経験豊かな市民（通訳）1名	
小平市	小平市国際交流協会	水曜 13：00〜16：00 対面・電話相談 生活全般国際交流協会の情報提供コーナー事業として相談にのっている	ボランティア9名（2名ずつ当番）	
東村山市	国際都市交流係事務所	随時 住宅購入・教育・日常生活・就労・離婚 中国語・英語・日本語	市職員3名	国際・女性課国際都市交流係
国立市	市民相談コーナー	第1・3月曜 10：00〜12：00 英語・中国語・ハングル	通訳2名を配置	
狛江市	狛江市役所	10月11日 13：00〜16：00 英語・中国語・ハングル	ボランティア3名	市民総合相談と同時開催
多摩市	多摩市国際交流センター	第1・2木曜 10：00〜12：00 第3・4木曜 13：30〜15：30 予約 英語・中国語・ハングル・ポルトガル語	ボランティア2名	
羽村市	羽村ふれあい地域づくり公社	第2・4金曜 外国籍市民のための生活情報相談	市国際交流員及び国際交流ボランティア6名	

（「東京都区市町村の国際政策の状況」H.14.3 東京都知事本部発行）より抜粋

表2　三多摩における国際交流協会の設置状況（平成13年4月1日現在）

市	名　称	設立年月	基本財産 (千円)	12年度補 助金(千円)	団体の12 年度事業費 (千円)
武蔵野市	武蔵野市国際交流協会	平成元年10月		52,000	31,300
三 鷹 市	(財)三鷹市国際交流協会	平成8年11月	500,000	41,779	37,576
調 布 市	調布市国際交流協会	平成6年11月		8,800	7,533
町 田 市	町田国際協会	平成10年7月		15,302	18,160
小 平 市	小平市国際交流協会	平成2年12月		4,500	13,518
東村山市	東村山市国際友好協会	昭和52年12月		310	9,032
国分寺市	国分寺市国際協会	平成3年11月		10,985	22,935
田 無 市	田無国際協会（任意団体）	平成9年6月			
狛 江 市	狛江市国際交流協会	平成7年12月		420	1,162
多 摩 市	多摩市国際交流センター	平成5年3月		7,870	9,894

（「東京都区市町村の国際政策の状況」H.14.3　東京都知事本部発行）より抜粋

2. 国際交流等を目的とした事業の取り組み

　表3・4・5にみられるように，各地で国際化に向けた取り組みがおこなわれている。日本語教室，交流のための各種イベント，地域の施設等の見学会，地域のまつりやフェスティバルへの参加など，地域の人々との交流や日常的な触れ合いの機会として，さまざまな事業が展開されている。国際交流協会や市民のボランティアグループなどが自主的にあるいは市からの委託事業として開催するものや，公民館が開催するものなどがある。ここでは具体的に紹介できないが，規模の大きい武蔵野市国際交流協会の各種事業や国立市公民館の日本語講座，国分寺市光公民館の日本語教室などは，先駆的な実践としてこれまでいろいろな場面で紹介されており，そこから学ぶべきことは多い。

　日本語学習の形態には，教室，個人授業（マンツーマン），サロンなどさまざまなものがあり，レベルに応じたきめ細かい学習を用意しているところもある。さらに，ボランティアとしての日本語講師の養成講座を実施しているところもある。また，国際化や共生について考える機会として，世界の国々の歴史や文化をテーマとする事業などもおこなわれている。

　このように外国人に対する事業は多様な内容・形態で多彩に実施されており，

表3　外国人に対する教育の充実〜日本語教育（成人）〜　（平成12年度実績）

地域	事業名	内容	主催・対象等
八王子市	国際交流教室「外国人のための日本語教室」	初級の日本語教室	市内在住在勤在学の外国人
立川市	外国人のための日本語教室	ボランティア団体に委託し、公民館で実施	外国人　年間　昼40回　夜38回
武蔵野市	日本語教室	教室と並行してマンツーマンの個人レッスン（日本語交流員として登録したボランティアが行う）教室はプロの教師経験をもつ交流員が担当　朝コース（前期・後期）夜コース（前期・後期）	武蔵野市国際交流協会　外国人
	日本語サロン	中級レベルを中心にサロン形式で行う。	外国人
三鷹市	日本語個人授業	日本人ボランティア、外国人双方から希望者を登録し、日本語のレベルやスケジュールにあわせて1対1のペアの個人授業	（財）三鷹国際交流協会在住外国人・日本人ボランティア登録者約400人
	日本語講座	日本での生活に最低限度必要な会話修得を目的とした講座　昼全20回7人　夜全20回5人	（財）三鷹国際交流協会日本語入門者
	日本語教授法講座	外国人の日本語習得に役立てるための日本語教授法講座　昼全10回20人　夜全10回20人	（財）三鷹国際交流協会外国人・日本人
青梅市	外国人日本語教室	正しい日本語の学習（音声・文字・助詞）全23回7ヵ国42人	在住16歳以上の外国人
府中市	国際交流サロン	情報の提供と交歓及び日本語学習会　中級12回延89名	在住外国人
	外国人のための日本語会話	日本で生活する上で欠くことのできない日常会話の表現、及び、ひらがな、カタカナが読めるように指導すると共に、日本の文化・生活習慣などの紹介　中級12回延べ89人	市内在住在勤在学の外国人
調布市	ボランティア日本語講師養成教室	日本語会話教室の外国人にボランティアとして日本語を教えるために必要な知識や日本語の教授法を学ぶ　全10回70名	講座終了後日本語会話ボランティアで活動できる人
	日本会話教室	初級の日本会話教室　ボランティアがマンツーマンで指導　週1回6ヶ月間　124組	市内在住在勤在学の外国人
町田市	日本語教室	日本語習得を希望する外国籍住民に日常会話レベルの日本語習得（会話・読書）を目的に学習支援	町田市国際協会生活部会
小金井市	市内施設見学	市内の主な公共施設等を見学し、小金井市をより理解してもらう。	1回（平成6年度から）参加16名
	生活日本語	外国人との国際交流を希望する市民と市内に在住する外国人との交流を通して国際理解を図る。また、日本語の日常会話が不自由な外国人に対して会話学習を行う。	市内在住外国人等　毎週土曜日参加者延べ784人
小平市	外国人のためのやさしい日本語教室	初級日本語講座　39回8人	公民館
	日本会話教室	複数ボランティアのレベル指導による日本語会話教室　月曜・土曜クラス各34回金曜クラス22回	小平市国際交流協会
東村山市	外国人のための日本語教室	公民館を利用して日常生活に必要な日本語学習及び交流サロン　火曜昼延べ40名	外国籍住民
	外国籍市民のための日本語教室	交流等を利用して、ボランティアによるレベル別指導　水曜夜年間50回　延べ524人	東村山地球市民クラブ
国分寺市	日本語教室	異なる国籍の人が教室に集まり、ボランティアがその生徒の能力に応じて日本語を教える。水曜夜・金曜午前	外国人市民　国際協会
	生活日本語	生活日本語の学習　外国人による日本語スピーチ　昼クラス（保育つき）・夜クラス	地域の外国人・地域住民　光公民館
東大和市	日本語ボランティア教室	日常生活に必要な日本語の学習支援	午前・午後・夜間週1回
稲城市	外国人のための日本語教室	生活に密着した会話の習得　ボランティア教師と生徒との交流	金曜夜・土曜午前
羽村市	日本会話教室	紳士在住外国籍市民を対象	火曜日夜間
あきる野市	日本語教室	ボランティアによる市内在住外国人対象	金曜日夜間
西東京市	日本語教室	民間ボランティアグループによる公民館を利用しての日本語教室　年に1・2回料理教室・茶道教室　相互の文化理解	市内及び近隣の外国人田無国際交流サークル
	国際交流理解事業	市内在住外国人の情報収集　学習会・懇談会・料理教室　公民館の国際理解講座を応援　情報誌の発行　日本語教室の開催	第1火曜定例会　行事土日・第2水曜料理教室　国際交流協会
	日本語教室	初級レベル　毎週火曜（保育付）指導：日本語教師有資格者　午前10：00〜12：00　18人　午後14：00〜16：00　6人	西東京市

（「東京都区市町村の国際政策の状況」H.14.3　東京都知事本部発行）より抜粋

第8節　地域の国際化と日本語学習（成人）

表4　外国人と市民との地域交流事業　(平成12年度実績)

地域	主な事業内容	主催
八王子市	生涯学習フェスティバル国際化展（外国人と日本人の交流）	
立川市	国際交流フェスタ（日本語スピーチコンテスト・講演とパネルディスカッション他）	
武蔵野市	ボランティア自主事業（書道教室・茶道体験の会・異文化コミュニケーション講座他）外国人企画事業（世界を知ろう）　MIAプラザ（地域に根ざした交流事業の発表）　日本語スピーチ大会　無料ふるさとコール（市主催の武蔵野青空市で無料国際電話を実施）	武蔵野市国際交流協会
三鷹市	交流サロン（日本文化の紹介，季節の伝統文化の体験，外国人が自国の紹介）　世界を食べよう（料理）　国際交流フェスティバル（井の頭公園を会場に実施）　国際スキーツアー	(財)三鷹国際交流協会
府中市	国際交流サロン（日本語学習会・交流会）	
調布市	料理教室　国際交流サロン（イベント・パーティー他）　スポーツ交流会　ふるさと祭り盆踊り大会　ボランティア自主企画事業（市民レベルの国際交流を図る）	
町田市	交流パーティー　バスツアー（市内の公共機関や公園）　日本の伝統文化紹介イベント	町田市国際協会交流部会
小金井市	ランチパーティー（作る・食べる・観る）	
小平市	国際交流フェスティバル　ホームビジット（留学生が半日市民の家庭を訪問）　交流サロン　茶道入門　国際交流芸術展（外国人芸術家に発表の場を提供・交流）	小平市国際交流協会
東村山市	ソーメン流しと七夕飾り付け（日本文化体験）　グローバルパーティー（タイの踊り）	東村山地球市民クラブ
国分寺市	太極拳DE交流　外国人による日本語スピーチコンテスト	自治体・国分寺市交際協会
国立市	インターナショナルフェスタ（英語弁論大会・世界の音楽と踊り・交流パーティー）	
西東京市	国際交流フェスティバル	
福生市	ふっさ七夕まつり参加	
狛江市	日本語教室（毎週土曜）	
東大和市	公民館のつどい（テーマ「みんなみんな地球人!!」）	
清瀬市	国際ふれあい交流（地域レベルの友好・親善）	
武蔵村山市	国際理解講座	公民館
稲城市	稲城市民フェスティバル	
羽村市	はむら夏まつりへの参加　コミュニティフェスティバル　国際交流ウォーキング他	(特)あい地域づくり公社

(「東京都区市町村の国際政策の状況」H.14.3　東京都知事本部発行) より抜粋

表5　その他の公民館事業　(平成14年度)

地域	事業名	内容	主催等
昭島市	生活日本語教室	中国語を話している人を対象とした日本語の学習全20回	公民館　市内在住の中国語を話す人
	国際交流講座　コミュニケーションクラブ	外国人と日本人の生活文化等の交流　サロン的に日本語学習　年間土曜夜約43回	公民館　市内在住在勤在学の外国人・日本人
	国際理解講座	「アニョンハセヨ韓国」	公民館
国立市	国際交流事業「外国人のための日本語講座」	生活に役立つ日本語の学習と交流の機会　入門（火曜午前34回）初級I（水・金曜午前68回）初級II（火・木曜午前68回）夜の部（火曜夜34回）	公民館
	国際交流事業	「外国の行事を知ろう・七夕」	
	外国人のためのパソコン講習会	パソコン講習	
	国際理解講座	「日本文化の源流とアジア」「韓国舞踊入門」「イスラームとユダヤ教」	
日野市	日本語教室	市内の外国人・帰国者を対象に日常生活に必要な日本語の学習（初歩から上級まで）	運営：日野国際友好クラブ
	国際理解講座(料理)	タイの家庭料理	協力：日野国際友好クラブ
国分寺市	国際関係講座	「中国と北朝鮮」	もとまち公民館
あきる野市	国際理解講座	「アジアの国々を感じる」	公民館

(各市公民館だよりから)

年々それらが増えながら定着してきている。しかし，その一方でボランティアのかかわりや，日本語教室のあり方等について，ボランティアとは何か，外国籍住民が本当に学習したいこと，もとめているものは何かなど，立ち止まって考えてみるべきこともある。

3. 社会教育における国際交流事業・日本語学習

　筆者の周辺の人々の間でも，「異文化」「異文化理解」から，「多文化教育」「多文化共生」というような言葉が日常の生活のなかで少しずつ耳馴れしてきたようだ。いろいろな意味で国際化やグローバル化が進展し，それらの意味を問い始めるにつれて，「多文化共生のまちづくり」「外国籍住民の学習権の保障」等が取り上げられ，少しずつ私たちの意識も変わってきている。というよりも変わらざるをえなくなってきている。しかし，現実の諸々の生活のなかで，みんながそれらを実現していくのはなかなか難しい。あらためて私たちのこれまでの生き方や人権意識が問われている。

　そうしたなかで，各地域の社会教育分野では，直接外国籍住民を対象にした日本語学習だけでなく，日本人の人権意識や生き方，生活のあり方そのものを問い直し考える機会として，さまざまなテーマで国際理解講座等の事業がおこなわれている。それはグローバル化した現代社会のなかに生きる国際人としてのあり方を自らが問い直す機会となり，また，地域に住む外国籍の人たちと生活者としての触れ合いやともに豊かに暮らすまちづくりのための機会となっている。国際交流という名のもとに華やかなイベントや祭りだけで終ってしまうのではないかという危惧や，指導者と生徒という関係だけの日本語学習のあり方などが懸念されるなかで，地域でともに暮らす者どうしとしての関係づくりをおこなうためには，私たちの意識や考え方を常に点検し，そうした問題に関する認識や理解を深めていかなければならない。外国籍住民に日本語や生活課題を学ぶ機会を提供すると同時に，日本人自身のそうした学習の機会の提供が社会教育にもとめられている。

また，日本語学習の日常的な学習の場の保障については，いつでもだれでも自由に参加して学べるというのが好ましいが，常設の国際交流センターなどではそのようなことも可能であるが，公民館ではなかなか難しい。ロビーや団体活動室の一角で個人的に集まって学習しているというのが現状である。子ども連れの人のためには保育室の設置も必要だ。

4. 昭島市公民館の国際交流・国際理解講座

　筆者が勤務する昭島市公民館では，平成4年度から国際交流講座（年間土曜日夜間）を実施している。その時々の参加者の要望にもとづいてその内容は変わってきているが，参加者とともに時々軌道修正をしていることがある。「何かをやってあげるのではなく，外国人も日本人も同じ参加者としてみんながまず楽しめることをしよう。」を合言葉にしている。ボランティアではなく，国籍や言語，生活様式・文化・体験がそれぞれ違う住民どうしが互いに違うものを大事にしながら，学び合い，触れ合い交流するという対等な関係の参加者であることを時々確認し合っている。新しい出会いがあるときにはそうしたことを話す。公民館の主催事業だが，談話室のようなサロン的な雰囲気を大切にしながら，マンツーマンで，グループで，外国の人は日本語や日本の生活文化を学び，ときには外国の人が自分の国の言葉や生活文化について語っている。乳幼児から中学生位までの子どもたちも参加しているが，親と一緒にあるいはひとりでやって来て，日本語を学習したり，楽しい創作をしたりしながら，子どもたちなりに仲間関係をつくっている。時々世界の料理づくりやパーティー，ハイキングなどを取り入れている。市としての相談機関がないので，各種の書類の書き方，子育て，仕事をはじめとしたさまざまな日常生活上の問題の相談場所ともなっている。以前，国分寺市の職員が日本語学習における女性問題について語るのを聞いたことがあるが，子育てや教育，夫婦のあり方や生き方などに関する相談や話のなかに，また，具体的な日本語学習のなかに，われわれの価値観や人権意識が表れる。日本語の教授法を学ぶだけでなく，そうしたこ

とを学び理解や認識を深めることも同時に必要なことである。国際理解講座等の事業は，外国の諸事情を学びながら，国際感覚や価値観の問い直しをする機会となっている。外国籍の人がお客様ではなく，みんなが主体的な対等な参加者として楽しく学習，活動できるような国際交流や日本語学習の取り組みを，これからも参加者とともに進めていきたい。

5. 外国籍住民の学習とこれからの社会教育

　外国籍住民にとって日本語学習は，「ユネスコの学習権宣言」にあるように"読み書きを学ぶ権利"であり"生きる権利そのもの"である。みずからの自国語や文化をもつ人々それぞれが人間らしく自分らしく生きることであり，また，文字や言葉を通して生活文化を学び，社会を見る・知る機会である。そうした視点にたって日本語学習や国際交流がおこなわれているかどうかをあらためて考える必要がある。野元弘幸は「在日外国人の日本語学習が位置づけられるのは，対象が外国人であり，市民がボランティアとして割に気軽に関われることがらであるという安易な考えにもとづくもので，日本語に不自由する外国人がどれほど非人間的な状況に置かれているかという実態を理解していないためである。厳しい状況で暮らす外国人にとって日本語の学習は，生命を守るための学習であり，暮らしを切り開く力となる学習である。それは"交流"とか"理解"といった言葉では意を尽くせない。生命を守り，暮らしを拓くそうした学習を保障することが必要であろう。」[1]と述べている。

　また，ある外国人の参加者が筆者に言ったことがある。"彼は先生だけど友だちではないよ"と。ボランティア社会になり，ボランティアという言葉が飛び交っている。大阪の多文化共生センターの田村太郎は多文化共生の3つの方向性として「基本的人権の尊重」「少数者への力づけ（エンパワーメント）」「社会へのアプローチ（多文化理解・多文化共生の認識・共に参加する地域づくり等）」をあげ，「救援というのは，助ける人と助けられる人がいつもはっきりしていて，強者と弱者を固定化してしまう危険性があります。ボランティア活動

に参加する人たちのなかにも一方的な救援の押し付けがみられることがあります。"困った人はいませんか""困っていますか，助けてあげましょうか""なにに困っていますか，それは大変ですね"と全部やってしまう。そうすることで結局，強い人と弱い人を分けてしまう危険があります。そうではなくて，困った状況にある人が一定の力をつけ，発言力を増していくことによって，自分たちの間で情報や経験を共有できるようになれば，救援を必要としない状況を作り出していけます。自分たちで自分たち自身を支えていく，そういう形が望ましいのです。望ましいといっても放って置いてもそれはできるものではありません。そのための環境を作っていくことが必要であり…」また，「…救援の活動に熱中するあまり活動自体が目的になってしまうと活動を押しつけたり，力を吸い取ってしまうことになりかねません。常に個人やコミュニティの自己決定に対して必要な救援を行っていくことが大切です。」と述べている[2]。

　外国籍住民をめぐる問題は，現存する障害者問題や女性問題などをはじめとするさまざまな差別や人権問題と同様な課題を含んでいる。誰もがどこでも対等に平等に豊かに生きる権利をもっている。生涯学習社会のなかで，あらゆる差別や偏見を取り除き，豊かな人権視点で学習や教育の機会を提供し，あらゆる人の学ぶ権利を保障していくことが，社会教育にあらためてもとめられている。地方分権の時代になり，財政再建，事業の見直し等厳しい社会状況のなかで，社会教育の意義が根源から問われ，公民館の役割や，また，そこにかかわる人々の視点や資質が問われている。そうした問いに応えていかなければならない。

第3章

アジア・オセアニア

第1節　教科書論争にみる台湾の多文化教育の問題
　　　　　ー『認識台湾』をめぐってー

　1986年の戒厳令の解除とともに，台湾の政治民主化にともない，多文化教育が急に注目され，教育改革の重要な一環として取り上げられるようになってきている。各国と同様に，台湾の多文化教育の課題は政治・経済・社会の変動によって変わるものであり，それぞれの「緊急度」が異なっている。その射程は，緊急課題である「族群（エスニック）問題」，ジェンダー，「原住民」[1]教育をはじめ，障害者，高齢者，外国人配偶者，外国人労働者を含むマイノリティの問題，そして社会階層，国際化，グローバリゼーションなどにも及んでいる。

　そうしたなか，1997年の中学校教科書『認識台湾』をめぐる論争は直接に族群問題，国際政治（中国の反応，台湾人の対日感情など）にかかわりながら，多文化教育のあり方にも多大なインパクトを与えている[2]。すなわち，「政治本土化」

『認識台湾』（歴史編）表紙

の手法による「中国中心的」な主流文化への否定，日本の戦争責任の以外に，この論争はアイデンティティ，文化の差異，伝達のあり方，政治的・文化的ヘゲモニーの解体・再構築などの問題に結びつけていたのである。したがって，本節では多文化教育の視点から『認識台湾』を中心として，教科書記述の問題，それにかかわる族群問題を考察していきたい。

1. 多文化教育と教科書『認識台湾』

1-1.「族群問題」を中心とした多文化教育

　1996年の直接選挙で，李登輝は大統領に就任してから「政治本土化」という方針を打ち出し，政治改革をおこなっていた。同時に，戒厳令解除以降より蓄積してきた社会的活力は国民のアイデンティティの再構築を含む数多くの形で発散していた。そのなかで，社会運動家・エリート層が北アメリカ（とくにカナダ）やオーストラリアから多文化の概念を導入し，さらにこれらの国々の政治・文化における多文化化した経験・問題点を活用しようと思っていた。その結果，多文化教育の促進が「いつの間にか」決まった方向となっていた。なぜかといえば，有力紙『聯合報』の見出しを検索すれば，「多文化」をタイトルとした記事については，1993年以前は皆無で，1993年から2000年にかけては合計80点，2ケタへと増加したのは1998年以降のことであるが判明されたからである[3]。

　この多文化教育を具体化した施策を挙げてみると，憲法増修条文第10条においては多文化が国によって肯定されている上で，1996年の『教育改革総諮議報告書』では「エスニック，地域，収入，性，障害によるマイノリティの学習者に対して，その教育の権利，機会および待遇を保障すべきである」という多文化教育の理念も明示されている[4]。

　このように，法律改正，学術研究，教育の面からみれば，台湾は「名実」ともに多文化社会となっている。ただ，現在の多文化教育は族群問題（とくに原

住民教育）に過度に集中し，ジェンダー，障害者，高齢者，宗教，外国人労働者などの課題を矮小化してしまったという側面もみられる。

1-2. 教科書と多文化教育

周知のとおり，教科書は学習の内容・情報を整理し，一定の順序で編成された媒体であり，その多くが印刷物である。教科書の内容は，文字・図表を通し，視覚・言語を媒介し，学習者の認知，価値観の養成に大切な役割を果たす。同時に，教科書が近代国家の正統性の主張やイデオロギーの形成の手段として使われることが，よく知られている[5]。日本では，過去の歴史教科書裁判をはじめ，検定，そして最近の「新しい歴史教科書をつくる会」の教科書問題からみると，教科書のあり方は生徒の歴史観・世界観に影響をもたらすだけでなく，国際外交問題へと発展する可能性もありうる。

台湾では，これまで同化主義を中心とした教科書の内容が強く批判されてきた。たとえば，呂枝益の統計によれば，台湾の小・中学校，高校教科書でも，エスニックにかかわるステレオタイピングな記述が多かった。1989〜95年の教科書（とくに小学校）では①エスニック間の文化的差異の無視，②ステレオタイピング，③自民族中心主義（漢民族中心と白人中心），④真実の外れ，⑤断片化・単純化など偏見的な記述が挙げられている[6]。

では，これまでの教科書と違い，多文化を強調したこの『認識台湾』はいかなる背景に生まれたのか。そして，どのように論争へと発展されたのか。ここでは，簡単にその経緯を述べておく。

1994年，「行政院（内閣）教育改革審議委員会」の発足後，同年10月に新しい「国民中学課程標準」（中学校指導要領）の公布にともなって，「認識台湾」課程が新設され，中学校の「基本学力」試験の項目として定められた。そこで，「地理編」「歴史編」「社会編」の「課程基準」を比較してみれば，「台湾，澎湖，金門，馬祖」を台湾の地理的範囲とする概念の規定，「台湾の主体性」「多文化多民族化」「愛国心」「共同体意識」などの合言葉がみられる。これらの課程標

準の目的が従来の大中国主義中心から台湾中心へ，すなわち「中国―台湾」＝「中心―周縁」を台湾中心へ変えようすることであったが，当時には問題化されなかった。

ところが，『認識台湾』(試用版)の公布とともに，1997年6・7月に『認識台湾』の記述をめぐって，大きな論争へと発展された。王甫昌の統計によれば，同年6～8月の間に『認識台湾』にかかわる公聴会8回，抗議活動4回がおこなわれ，そして有力紙（中国時報，聯合報，民衆日報，自由時報）の新聞記事が341点に達しているという。そこで，論争の中心が「歴史編」における台湾人のアイデンティティ，政権・統治者への評価および対日観，エスニックの分類，その歴史記憶などに集中している[7]。

この教科書論争はもう一度台湾のアイデンティティ問題を顕在化させると同時に，「四大族群」の分類をめぐる争点も台湾の多文化教育の進行を検視する材料のひとつとなっていると考えられる。たとえば，「社会編」と「歴史編」における「四大族群」について，編著者はそれが「多文化と平等・尊重」の表現であると主張している。これに対して，この分類法には「福佬（閩南）人中心主義」が潜め，「台湾人は中国人ではない」という意図もあると，反対者はつよく反発している。論争はさらなる衝突へ発展しなかったが，台湾の人々の自分のアイデンティティの再認識の働きをもたらしたのである。

2. 族群関係にみる『認識台湾』の論争

2-1. 族群の分類と多文化社会の発展

共産党との内戦に負けた国民党が1949年に台湾へ敗退し，「中華民国」の大義名分にもとづき，対外的にはみずからの正統性を主張しながら，対内的には厳しい統治政策をおこなっていた。当時，日本植民地時代から残った「奴隷化」思想の是正，「脱日本化」のためには，国民党政権は第二次世界大戦終了の翌46年より，国語（北京語）教育を徹底的に推し進めてきていた。このよ

うに，同化教育の推進とともに，1980年代までは中華文化中心とした教育が学校教育の各段階で進められていた。

ところで，1987年の戒厳令の解除，91年の「動員戡乱時期臨時条款」の廃止，93年の国会議員選挙での民進党の躍進，96年の大統領直接選挙など一連の改革によって，台湾が中国大陸を支配するという「神話」は完全に終焉した。同時に，2・28事件の時に潜められてきた「外省人／本省人」＝「支配者／被支配者」という「省籍コンプレックス」の対立感情は，80年代より選挙活動，メディアの報道によって蘇生し，さらに熾烈になっていた。

その後，この簡単な二分法に対して，もともと言語・文化の異なった原住民は一丸となり団結し，教育権・文化権・社会権など権利回復運動をおこなった結果，法律改正・原住民行政部門の新設などで，エンパワーメントに成功した。ついで，客家人も同じ手法でみずからの地位を確立させた。

政治の面では，民進党をはじめ，台湾の族群の概念が閩南人，客家人，外省人，原住民に分けられると規定され，選挙の戦略として使われてきている。このように，「血縁」を中心とした分類法は台湾に住んでいる人々のアイデンティティを細分化し，すなわち「内部分割」した。同時に文化の差異はこの四大族群の分類法を正当化する手段となり，人々の帰属した族群のアイデンティティを強化するようになった。その後，1998年にこの四大族群の共生を目指す「新台湾人」という言葉も選挙活動のスローガンとして現れてきた。このように，台湾における「多文化社会」は文化よりはむしろ政治として構図されたものといっても過言ではない。

2-2. 『認識台湾』における「多文化」的表現

これまで，台湾の教科書では中華民国史観を中心にして，中華民国の領土が台湾以外の中国全土，「外モンゴル」にも及んでいる。歴史文化の面では，文化の多様性より漢民族の優越性，民族融合の力のほうが強調されてきて，台湾に関する記述が非常に少なかった。

第1節　教科書論争にみる台湾の多文化教育の問題

ところで，義務教育段階の統一教材に対する規制緩和が90年代後半より進められてきている。そうしたなかに，『認識台湾』は台湾中心へと一変し，台湾に関する記述は質・量ともこれまでの教科書と大幅に異なったため，大きな論争を巻き起こした。この教科書の最大の特徴とは新しい（イ）「台湾史観」と（ロ）「台湾」を中心としたカリキュラム構成である。

さて，多文化教育に関しては，いかなる記述があるのか，またいかなる課題が残っているか。ここでは，多文化教育・多文化社会に関する記述と問題点をあげてみたい。

『認識台湾（歴史編）』

「歴史編」は全11章，26節に分けられている。巻頭言では，「本書の主旨は生徒に各エスニックグループの先人による台湾開発の事実を認識させ，団結協力の精神と愛郷愛国の情操，世界観を具えた抱負を養うよう指導すること，そして生徒の台湾の文化資産に対する理解を強化し，それを大切に守ることを知らせることにある」と明示されている。そして第一章の冒頭では，多文化的社会，対外関係の緊密さ，国際貿易の交流，そして冒険奮闘の精神が台湾史の最大の特色として記述されている。

そこで，この「多文化的社会」の形成の過程には，スペイン人，オランダ人，日本人の植民統治のほかに，漢民族の原住民への抑圧・圧迫，閩南人と客家人との武装闘争，本省人と外省人の衝突・政治闘争も記述されている。問題なのは，教科書の記述が国民国家のアイデンティティの形成に深くかかわって，四大族群それぞれの「想像された共同体」と合致できるかどうかのことである。ここで再び前掲の王甫昌の統計を引用すれば，教科書論争の焦点と割合は，歴史に関しては①台湾と中国との歴史的関係（60.4%），②台湾と日本との歴史的関係（37.8%）③蔣介石・蔣経国への評価（21.7%），④異なった族群の歴史記憶の相互尊重（19.1%），現在に関しては，①台湾の地理的範囲の規定（6.2%），②族群の分類（11.1%）③政治人物への評価（27.6%）が示されている[8]。すなわち，この論争は主として政治的・イデオロギー的に展開されたも

のであり，文化の差異など族群をめぐる問題点が副次的なものとなっている。

そこで，族群をめぐる争点とは，原住民と客家人の歴史記憶への尊重や「四大族群」の分類法の問題点が挙げられている。たとえば，原住民の歴史記憶への尊重に関しては，『認識台湾』の第二章「先史時代」では原住民に関する「高山族(コウザン)」，「平埔族(ヘイホ)」や各族の名前などの記述が詳しい。ところが，そもそも原文のタイトルは「先史時代と原住民の社会」であり，批判が強かったため，「先史時代」となったという。また第三章と第四章では，原住民にかんする当時の生活状況の記述が随所にみられるが，それはとくに書き加えたものであることも明らかになっている(9)。さらに，「高山族」という用語は学術研究からも多文化の視点からも「賞味期限」が切れたものであることが指摘されている(10)。このため，説明抜きで「高山族」という言葉を使ったことは，原住民への尊重には違和感があることを禁じえない。また，客家人の精神的な象徴である「義民廟(ぎみんびょう)」に関する記述の欠如も指摘されている。

一方，日本植民統治時代に関する「親日的」な記述があまりも多く，「日本に媚びる」や「植民政策を美化する」意図を払拭できないという批判が多い。たとえば，教育の面では入学率の向上，職業教育の発達，高等教育の展開，学術研究など台湾の近代化に寄与したことが挙げられている。また，原住民，台湾人への差別・隔離の施策や日本語による同化教育の失敗，台湾議会設置運動などの政治的抵抗など挙げられている。しかし，慰安婦や台湾籍日本兵への賠償など戦争責任をめぐる記述はまったくみあたらない。多文化教育の視点からみれば，慰安婦や台湾籍日本兵の問題は単なる「抑圧／被抑圧」だけでなく，さらに戦争責任の面からは「国家─国家」でなく，「国家─個人」(しかも他国の個人)も視点に入れて考えるべきなのである。その上，それにかかわる抑圧の重層性・複合性も学校授業中の思考・討論の材料のひとつだと考えられる。

『認識台湾（社会編）』

　『認識台湾（社会編）』は全10章，19節があり，その巻頭言では「運命共同体」，「移民社会」，「族群融合」，「多文化」など台湾社会の特徴が強調され，「台湾意識」（台湾人アイデンティティ）の構築の意図が明文化されている。そこで，通過礼儀，祭典，そして宗教の多様性のほか，第六章のタイトルが「多文化」とされ，建築，美術，演劇，文学など文化財が挙げられ，「開放，包容，冒険，勤勉，平等，自由，尊厳」という「台湾精神」も取り上げられることは注意に値する。

　従来の教科書においては「文化」とは「主流文化」，そして「民族文化」に定義づけられため，マイノリティの文化が抑圧されてきた。しかし，「歴史編」・「社会編」とも「四大族群」を挙げ，台湾が多文化・多民族的社会であることを強調している。たとえば，「社会編」では多数者の漢民族の多文化とともに，原住民の文化については通過礼儀，祭典にとどまらず，「原住民文学」も挙げられている。したがって，『認識台湾』における「多文化」への肯定は「台湾意識」を形成される要因のひとつであり，それを支えている基盤とは「四大族群」の共有したこの50年の歴史であると指摘されている[11]。

　ただ『認識台湾』の論争からみれば，この「台湾意識」は「多文化」の理念を強調するといわれても，つぎのように新たなアイデンティティの形成，そして主流文化の転換とヘゲモニーの交替も読み取れる。

3. 教科書にみるヘゲモニーの構造と実践上の問題

　グラムシ（A. Gramsci）によれば，近代国家では国家装置を通じて，「支配／従属」という図式が形成されたなか，支配的集団はある種の指針を作り出し，それを人々に内面化させるとともに，学校教育のメカニズムをも利用し，社会の再生産を目指す。このように社会階級・文化の再生産は，ヘゲモニーの再生産の表裏一体ともいえる。そこで，社会の各階級が統合されたり，衝突したりすることによって，ヘゲモニーの「合法化」の構築・解除が繰り返される。そして，学校教育（教科書）でのイデオロギーの伝達を通じて，支配的集団はヘゲモニーの基礎である「自発的同意」による従属的集団を獲得する[12]。

　前述したように『認識台湾』教科書の記述・編成は，多文化教育の進展，課題を明らかにすると同時に，上記のヘゲモニーの転換の一部終始をも示すともいえる。すなわち，少数派の外省人から多数派の本省人への政権交替（ヘゲモニーの合法化の解除・再構築）においては，「新台湾人」というアイデンティティの「コード化」（脱中国化・台湾中心）や『認識台湾』の論争が政治的ヘゲモニーの転換を加速化させたことを意味している。

　確かに，従来の教科書と比べれば，原住民に関する記述は増え，その内容が，「慣習」「通過礼儀」を中心としたものから原住民の文化教育，政治，経済，他のエスニックとの関係，芸術などを含む多様なものとなっている。しかし，多文化教育の視点から，原住民に関する記述の数・割合の問題，カリキュラムの整合性，多文化に対する教師の専門的知識と態度などが，重要な問いである。

　まず，（1）原住民に関する記述の数は，「歴史編」（26節）には16節（61.54%），「社会編」（19節）には7節（36.84%）がある。さらに「歴史編」には，歴史人物の数の割合が原住民2人（3.85%），漢民族43人（90.38%），その他3人（5.77%）となっている。「社会編」には原住民に関する記述は約4分の1で，漢民族は4分の3となっている[13]。また，編纂のさいは，現在の原住民（全台湾人口の1.8%）・漢民族の人口の割合によって，各族群の歴史人物の割合

が決められたといわれている。しかし，多文化の理念からみれば，全体の内容は依然として漢民族中心的なものであり，エスニック間の公平・平等，そして原住民族文化を含む台湾文化への再認識の面には不十分さを露呈すると考えられる。その理由とは，現在，台湾における多文化教育の研究は萌芽期にあたる上，教育における原住民の主体性（たとえば，原住民籍の教科書編纂委員の確保）の欠如も挙げられるからである。

つぎに (2) 実践上の問題については，多文化教育のカリキュラムの整合性の問題と教師の専門知識と態度である。台湾の多文化教育の発展をみれば，原住民教育は言語教育を中心とした「郷土教育」の形でおこなわれてきている。ただ，この「郷土教育」の推進には台湾の進学競争とのつながりがみられない上，原住民の郷土教育も台湾ではいまだに定着していない。その原因とは，原住民村落の過疎化のほか，都市部の原住民にとって郷土教育が日常生活から離れて，集団の学習とはならないためである。また，知育偏重の学習から脱皮するためには，多元的入学制度，カリキュラム改革を柱とする新たな「九年一貫新課程」（小・中学校一貫）が実施されはじめたが，郷土教育，多文化教育の実施の成果がいかなる形で「基本学力試験」の問題に出るのかは，興味深い問いであろう。

最後は教師の専門的知識と態度の問題である。政治民主化にともなって発展してきた台湾の多文化教育は現在「輸入」の段階にあり，その研究がいまだに体系化されていない。そして，教育現場での教師の多文化教育への認識が必ずしも十分ではないため，『認識台湾』は教師にとってはひとつの大きな挑戦といってもよい。

以上に示されたように，台湾の多文化教育の問題は政治問題，族群問題に絡み合って，教科書記述からも反映されている。上記の考察によってつぎのような結語がまとめられる。

一には，従来の教科書は文化的差異の無視のほか，同化主義的，ステレオタ

イプ・偏見的,漢民族中心的な記述が多かったが,政治改革・教育改革の波に乗って,多文化教育は1990年代後半より重要視され,「多文化」をポイントとした『認識台湾』が生まれたということである。しかし,メディア,新聞記事からみれば,『認識台湾』をめぐる焦点は多文化の問題でなく,「国民」のアイデンティティ,政権への評価,対日観に集中したことが明らかになっている。

二には,「本省人」と「外省人」との政治闘争のなか,「四大族群」の分類がアイデンティティの再構築には有効で,それにかかわる「多文化的」記述が『認識台湾』に鮮明に表れてくるということである。しかし,原住民に関する用語の妥当性や慰安婦,台湾籍日本兵の記述の欠如などさまざまな問題が残っている。

三には,『認識台湾』における原住民に関する記述は,従来の教科書と異なり,多文化的なものとなるとともに,主流文化の転換,ヘゲモニーの交替の証ともいえるということである。また,実践上の問題については,原住民の言語教育,郷土教育の実施上の問題のほか,『認識台湾』にかかわる学力試験の出題のあり方,カリキュラムの整合性や多文化教育にかかわる教師の専門知識の欠如が挙げられる。

要約すれば,『認識台湾』の使用は多文化教育における大きな試みであり,それから引き起こった論争が族群問題,多文化教育の促進を検視する材料のひとつともいえる。ただ,この論争の終焉といえども,学校教育の面では多文化教育の研究不足,教師養成,カリキュラムの整合性など多くの課題が残っている。

第2節　朝鮮植民地期の言語政策に関する考察
－学校教育のなかの日本語教育を中心に－

　言語は人間の思想と感情を表現し，人間が生きていくための根本になる文化を再生産する道具でもある。つまり，人々のアイデンティティの形成にもかかわる言語を奪われることが何を意味するのかという側面から，言語の重要性を考察する。

　韓国のある年齢以上の方たちは言語による植民地支配の証として今も日本語を憶えている。言語学者の金沢庄三郎は，「地と民と語」を一体とみて，「国語は国民の精神的生命を代表する」という。そこで，日本が朝鮮植民地期におこなった言語政策を考察することにより，国語を奪われたときの苦しみや，言語のもつ影響力及び重要性を確認できると考えられる。

絵は日帝下に発行された「独立新聞」の一面である。

従来，日本の植民地言語を扱う研究として日本語を強制する側の思想・体制の研究は進んでいる半面，強制される側の言語体験，葛藤などについての解明はほとんどなされていない。ここでは，朝鮮[1]植民地期における日本の言語政策のなかでも，日本語普及のために実行した教育令や施行規程などに対する支配される側（朝鮮民族）の苦しみや抵抗などに焦点をあわせて考察する。したがって，母語を奪われた朝鮮民族の抵抗事例を客観的に検討することで，言語の重要性を明らかにすることを目的とする。

植民地言語政策のなかでも，範囲を学校教育に限定し，植民地児童・生徒がどのような言語葛藤を引き起こしたのか，日本語と朝鮮語の教授と関連して考察する。

研究対象は，学校教育において日本語普及のため4回にわたって改正された朝鮮教育令と，行政の各施行規程及び政策実行のための取締りなどを分析することである。また，本節に用いた事例に関してはその資料の客観性を高めるため，主に新聞記事を中心に検討する。

構成においては，1. の項で，朝鮮植民地期における日本の言語政策の変遷について教育令を中心に検討する。2. で，各朝鮮教育令にともなう学校教育での日本語と朝鮮語の授業時間数の変化と，日本語普及率を比較する。3. で，これらの言語政策と関連した朝鮮民族の抵抗について新聞記事を中心に検討する。その事例を通して言語を奪われた者の苦しみを明らかにし，言語，文化の重要性を再確認していきたい。

1. 日本の朝鮮植民地における言語政策の変遷
　　—朝鮮教育令を中心に—

日本の植民地言語政策の始まりは教科書編纂であった。1904年教科書編纂に着手し，日本語読本という教科書を発行した[2]。学校は植民地民衆に日本への従順を植え込むための重要な道具となり，教育を民族同化のための手段にした。それは，学校教育課程において日本語を徹底的に普及させるため公布した

第2節　朝鮮植民地期の言語政策に関する考察　　121

各朝鮮教育令によく表れている。

　ここで，日本の朝鮮植民地言語政策の変遷を把握するため，各朝鮮教育令における学校教育政策での言語に関する項目を比較する。

　日本の植民地言語政策の基本は第一次朝鮮教育令（1911. 8）が公布されることで具体的に明文化された。この朝鮮教育令[3]で設定された教育目的と教授法をみると，

　「教育は教育に関する勅語の趣旨に基づいて忠良たる国民を育成することを本意とする」（朝鮮教育令第2条），「時勢と民度に適合するようにする」（同令第3条），「普通の知識・技能を授与し，特に国民としての性格を涵養し，国語（日本語）を普及することを目的とする」（同令第5条），「国語は国民精神が宿るもので，知識・技能を習得するのに不可欠であり，あらゆる教科においても国語使用を正確にし，自由にその適用を期する」（普通学校規則第7条第32項）と教授用語を日本語にすることを定めており，これは朝鮮語と漢文を除いたすべての教科での教授法[4]として重要な位置を占めることになる。

　1919年3・1運動を契機に日本の植民地支配イデオロギーも文化統治に変わり，教育政策も修正され1922年2月に第2次改正教育令を公布した。その内容の特徴は，学校の種類及び授業年限を日本の学制と同一にし，内鮮共学を定め，普通学校での朝鮮語は正規科目となった。（「普通学校の教科目は修身，国語，朝鮮語，算術，日本歴史，地理，理科，図書，唱歌，体操とし，女児のためには裁縫を加える」（普通学校規程第7条））

　しかし，言語政策においては，「朝鮮内において国語を常用するもの（日本人）のための教育制度と国語を常用しないもの（朝鮮人）のための教育制度を別々に用意する」（教育令第2条と第3条）という厳格な基準を定め，巧妙に民族的差別教育を実施した。

　1937年日中戦争の勃発は日本の植民地政策を皇国臣民育成の徹底に大きく変えた。教育においてもその目標施行のため，第3次朝鮮教育令（1938年3月）が公布された。

「朝鮮語を随意科目と定め，教科課程において朝鮮語を除外するよう……」（小学校規程第13条，中学校規程第10条）各学校の代表者に指示を与え，日本歴史を「国史」に変えた。「教育方針として，国体明徴，内鮮一体，忍苦鍛錬をあげ……」あらゆる行事において皇国臣民誓詞[5]を暗唱させ，日本人化をもとめる同化政策に総力をあげた[6]。言語政策においても朝鮮語の随意科目化はもちろん，1939年から断行された言論機関の統制のあげく，1940年8月10日朝鮮人によって発行されていた代表的な新聞である東亜日報，朝鮮日報を民族的偏見に傾いていて時局に合わないという理由で閉刊させた[7]。

続き，第2次改正教育令と第3次改正教育令においての言語政策の変遷を比較すると，国語教育の教授上における，第2次改正教育令では，

「国民たる性格を涵養し，国語を習得させることはどの教科目においても常に留意することを要する」（教育令第8条1項），「国語は普通の言語・日常須知の文字及び文章を教え，正確に思想を表現する能力を養成し，兼ねて知徳を啓発することを要旨とする」（同令第10条）に比べ，第3次改正教育令では，

「国語を習得させ，その使用を正確にし，応用を自由にさせ，国語教育の徹底を期して，皇国臣民たる性格の涵養に努めること」（小学校規程第16条7項）と皇国臣民たる自覚を固めることを加え，国語教育と国民の皇民化について具体化した。

朝鮮語教授方針については，第2次令では「朝鮮語を教授するのに常に国語と連絡をし，時には国語で答えさせること」（教育令第11条）とした反面，第3次令では「……皇国臣民たる信念を涵養させることに努力する……」（小学校規程第29条）と強調した。

また，第4次改正朝鮮教育令（1943年3月）は「教育に関する臨時非常措置令」であり，教育体制を戦争遂行のための軍事目的に合致させ，つぎのように改編した。

「① 国民学校は大陸侵略に利用する兵士の準備と関連し，義務教育制の準備を実施すること。② 中学校は日本に準して措置すること。③ 理科系統の専門

学校は学生数を増やし,文化系統の私立専門学校は理科系統の学校に変えて,文化系統の専門学校は統合する方向に措置すること。」

　この教育令での注目点は,朝鮮語は教科課程において完全になくなったことである（国民学校規程第33条）。この時期,言語政策が皇国臣民育成と国語教育に総力をあげるようになった契機は1944年に予定されていた徴兵制実施の準備のためであった[8]。以上,4回にわたった朝鮮教育令によって,朝鮮植民地における日本語教育を始めとする民族同化政策はその基盤を作っていた。

表1　第1次,2次朝鮮教育令においての日本語と朝鮮語及び漢文の週当り時間数 [9]

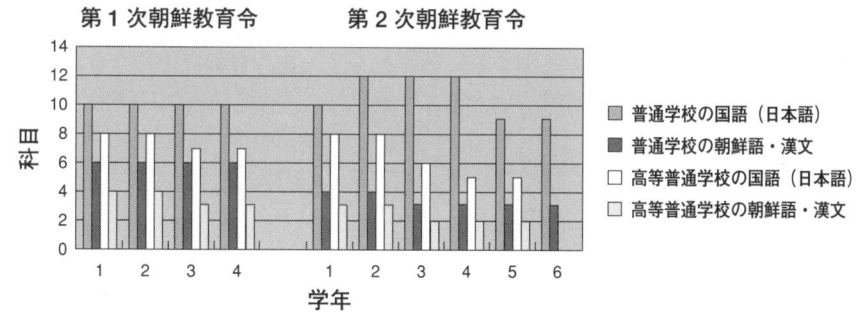

表2　第3次,4次朝鮮教育令においての日本語と朝鮮語及び漢文の週当り時間数 [10]

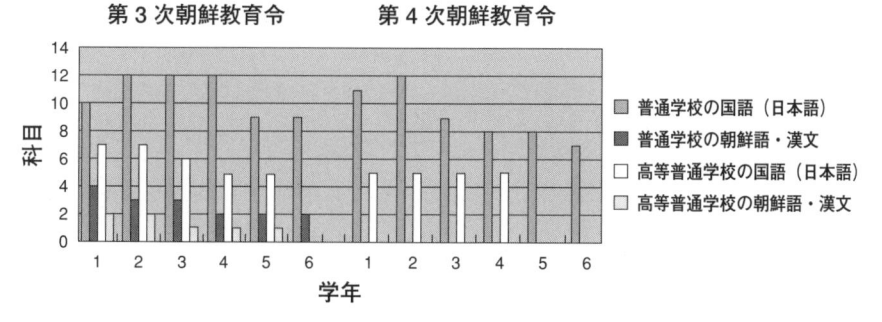

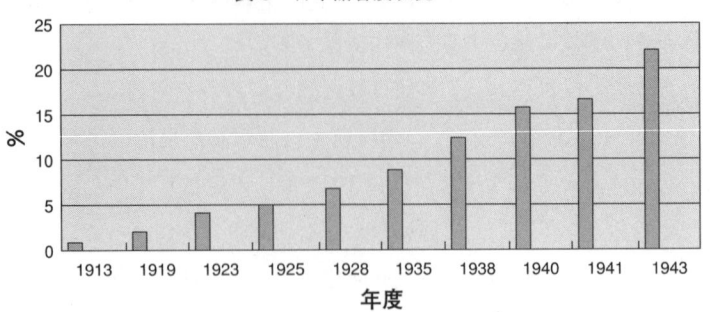

表3　日本語普及状況 [11]

2. 日本語と朝鮮語の授業時間数と日本語普及状況

　前述した日本の朝鮮植民地における言語政策方針は学校教育においてどのように適用されたかについて，普通学校と高等普通学校での国語と朝鮮語の週当り時間数を比較することで把握する。朝鮮教育令の施行規則で定められた内容から表を作ると前頁のようになる（**表1**，**表2**）。

　以上，朝鮮教育令が改正されるにつれて朝鮮語の時間数は段々減っており，朝鮮語及び漢文においても朝鮮語より漢文を多く割当てることで，相対的に朝鮮語の時間を減らした。結局，第4次改正教育令では，朝鮮語が教科課程で完全になくなった。

　すなわち，日本は朝鮮人に日本語を習得させるため，全教科目を通じて日本語と関連させて指導するなど日本語教育に徹底したのである。このような言語政策の結果として朝鮮人のなかで日本語を理解する人々は増加しつつあった。その増加比率を**表3**に示した。

　しかし，朝鮮での日本語普及率は22.2%にとどまり，同時期（1943年）台湾での日本語普及率が62%に達していることに比べ，大きな差を表している。近藤釖一はその理由のひとつとして，朝鮮語に関して深い関心を示す言語を中心とした民族主義思想の影響をあげている [12]。

3. 日本語普及政策に関連した朝鮮民族の抵抗
　―新聞記事を中心に―

　日本の朝鮮植民地においての言語政策は朝鮮語を粗末にし，日本語教育に重点をおきながら，日本語の教授時間だけを増やせ，その使用を強要したことである。これらの言語政策について学生を始め朝鮮民族はどのように反発していたのか，新聞記事[13]を中心にその一例をあげながら，客観的に母語を奪われた民族の苦しみを検討していきたい。

　「朝鮮語及び漢文の教授において，常に国語との連絡を維持し，時には国語で解釈すること[14]。」という教育用語を日本語とすることに対する朝鮮人の意見をみると，

　「……言論の圧迫，集会，結社の拘束，出版，信書自由の剥奪，信教自由の侵害に対する苦痛をも全て忍耐できるとしても，朝鮮語の圧迫，すなわち教育用語を日本語と強制する弊害と苦痛に対しては忍耐することが難しい。……吾人は民族的自負心と区々な感情に依存して，此を要求，唱導するのではなく，忍耐しようとしても忍耐しがたい苦痛と絶叫せざるをえない事勢に依拠して此を要求し唱導するところである。……然則，教育用語を日本語と強制するのは，朝鮮人の能力を消耗することなので，忍耐しがたい苦痛であり，朝鮮人の独特な文化を破壊することなので此れが絶叫せざるをえない事勢である。……」（東亜日報1920年4月12日）といかなる抑圧より，母語と文化を奪われる苦痛が大きいのかをよく表している。

　ここで，学校内での日本語使用と朝鮮語禁止に関する例をあげると，

　「朝鮮語に罰金，一句使用に罰金一銭……朝鮮語を使ったという理由で訓導が生徒を殴打……」（東亜日報1925年3月20日と3月25日）及び，校内に「国語愛用箱」という箱を作って教室及び廊下において，朝鮮語を使用する学生たちをみつけると名前を書き入れ，週末に一度その箱を調べ，投書されたものに対して処罰を与えるなど卑劣な手段まで導入[15]しており，日本語普及にあせっ

ていたことがうかがえる。

　日本語教育をもっと強化するため、日本人教員の採用にも力を入れるようになった。

　「普通学校において多くの朝鮮人教員の採用を呼びかける各地の世論は以前から高い。その理由は人情と風俗を理解できない日本人教員では児童教育に支障が多いということと、貧弱な地方財政の節約のためにも切実な問題であると……昭和6年現在日本人教員は3割8分を占領……同じ資格の朝鮮人教員に比べ約倍の給料……全て朝鮮人教員に換算すると一千九百余りの学級を増設できる……早速実施することを希望するのは難しいが、窮乏な地方学校費財政のためには極めて有利なことになる」（朝鮮日報1933年6月22日の記事）

　「大邱府会で裵國仁議員は、普通学校校長に朝鮮人校長も置くよう要求……朝鮮語科の軽視は実生活に影響があり、学校内での師弟間の良からぬ、不憫な事件の発生は教師としての愛の精神が欠如しているためだと攻駁した。」（朝鮮日報1938年3月6日記事）

　朝鮮語と漢文に対する弾圧も日々厳しくなり、結局朝鮮語文と関連された朝鮮語漢文が廃止[16]され、朝鮮語は随意科目となった。これについての論説をみると、

　「……そうでなくとも父母たちの間には現在高等普通学校を卒業しても朝鮮文の手紙ひとつ書けないという非難が高い時、……生徒たちには漢文の実力に対する影響より直接関係を持っている朝鮮文の学習実力が減退……明らか……」（朝鮮日報1937年8月31日）、「必要は認めるが教えないということは余りにも不当ではないか」（朝鮮日報1937年9月7日記事、咸大勳の反駁文のなかで）、「……朝鮮語を随意科目に……その結果朝鮮語に対する朝鮮人の知識が次第に落ち、朝鮮文化の向上にも支障が出ることが憂慮される。学制の画一化制が朝鮮語を随意科目にすることで実施できるものなのか、学務当局で我々の苦心を考え、もう一度考慮する必要はないだろうか。」（朝鮮日報1937年11月11日の社説から）

第 2 節　朝鮮植民地期の言語政策に関する考察

　日本の植民地言語政策に対して何より学生たちの反発は多かった。その代表的な事件をあげると，花洞第一高等普通学校では，「……朝鮮歴史は朝鮮人先生を招聘して教授すること，朝鮮語教授の徹底と朝鮮語文法を教授すること，……」（東亜日報 1927 年 11 月 15 日），1928 年起きた光州学生事件では，「……朝鮮人本位の教育実現を要求……日本語だけを使う日本人教師より朝鮮人教師を多く採用すること，朝鮮の歴史を教授，朝鮮語文法を教授，日本語の時間を減少すること……(17)」などを要求，同盟休校に入った。しかし，学校当局は 27 名に退学，28 名に無期停学処分を下し，4 ヶ月に長引いたあげくには，8 名の学生が懲役刑を受けたことで同盟休校は終わりになった。

　釜山第二商業学校では，「……図書館に朝鮮語文に書かれた新聞，雑誌，書籍を購入させるよう陳情書を出し，盟休……」（東亜日報 1928 年 6 月 21 日），春川高等普通学校でも，「……私宅にまで学生を連れて行き，殴打した日本人教諭を罷免させることと朝鮮語の時間を増やし，専任教諭を置くことを要請し，同盟休校……」（朝鮮日報 1935 年 7 月 1 日）などがあげられる。

　また，保護者側の講義も多く，馬山公立普通学校の学父兄会では，「……専用看護婦は児童の言語をよく理解できる朝鮮人看護婦の採用を要請し，……朝鮮児童の教育において言語及び其の他の関係から考えると朝鮮人教育者が教導することが完全で有益……校長以下訓導全てに朝鮮人を採用するのを早く実現させるよう要請……」（東亜日報 1927 年 5 月 31 日）という条項を提出していた。

　全羅北道議会で議員のひとりが現下教育政策について，「……初等教育において 4 年制は朝鮮語教科書を朝鮮語で教授するとしても十分な教育をさせるには困難なのに，7，8 歳の児童に日本語で書かれた教科書で教授するのは語学関係上大きな矛盾……朝鮮人教員の採用可否について質問……」（朝鮮日報 1929 年 3 月 20 日）など，学生たちだけではなく一般社会人も異口同音で朝鮮語の教育を強く希望しており，多くの日本人教員を採用して日本語で教授することに対して相当な不満をもっていたことがわかった。

以上，本節では日本の朝鮮植民地における言語政策について，日本の教育支配体制を制度的に確立した朝鮮教育令を中心に考察した。また，学校教育を通じた計画的な日本語教育の生活化と相対的に朝鮮語教育の没落との関連を時代的に分析し，考察した。そして，言語政策に対する朝鮮民族の苦しみや葛藤に焦点をあて，新聞記事を中心に抵抗事例をあげながら検討した。

　つまり，日本の朝鮮植民地における言語政策は，各朝鮮教育令と施行規程によって徐々に朝鮮語を取り上げ，日本語を徹底的に強要して皇国臣民に育成するというイデオロギー的同化教育であったことが明らかになった。

　豊田国夫[18]が用いた民族同化のための「有意的な努力」というのが日本語を国語化する形として表れた。そのような同化をもとめる言語政策は，被植民地国の言語に一番悪い結果をもたらす類型でもあった。しかし，これらの朝鮮でのあらゆる政策実行にもかかわらず，日本語の普及率が約20％にとどまったことは朝鮮人の間に内在する抵抗意識から由来すると考えざるをえない。それは，朝鮮人の日本に対する認識と言語と文化を守ろうとする意志の一面を表していたと考えられる。

　既述した言語政策に対する朝鮮民族の反発からも，日本が母語を取り上げ，日本語を強制したことがむしろ眠っていた民族意識を呼起こす逆効果になったことがわかった。以上，本節では日本の植民地言語政策に関する考察が教育令を中心とした学校教育にとどまった。

　したがって，今後，学校教育のみならず，社会教育及びその他の日本語普及政策まで範囲を広めることで，植民地政策の根本であった母国の言語・文化の剥奪と支配国の言語・文化の強制がもたらす結果を明らかにしていきたい。いずれは共同研究により，台湾と満州での日本の言語政策及び，日本の内地異民族であった北海道，沖縄での言語政策とも比較して，民族支配のための言語支配の位置づけから，人間の生来の自己の言語を使用する権利への必然性を追及していきたい。

第3節　多文化教育からみたインド社会における教育
―言語，カリキュラムをめぐって―

　多文化教育は，産業の革新によって多民族化をむかえた「先進諸国」だけで論じられるものではない。植民者によって強制的に区分された国境を受け入れて形成された国家は，はじめから「多文化」状況にあるといえる。そのひとつであるインド社会では「多元的共生」「政教分離主義」が掲げられ，多様な言語，宗教，民族的背景をもつ人々がともに暮している。また，多文化主義を掲げる国でも英語による支配がみられるというように多文化主義が多言語主義をともなわない状況のなかで，インドは多言語主義をともなう多文化社会であるといえる。一方で，それゆえに差別や格差が生じていることも事実である。ある一定の価値によって構成されたカリキュラムや教科書，学校で使用される言

大樹の下で学ぶ子どもたち

語，教師や級友からの偏見などによって，教育の機会や権利を奪われた結果，多くの人々が読み書きを獲得できずに「非識字者」とされ，教育的，社会的な不利益をこうむっている。このように，インド社会は多様性，単一化，そして階層化への動きが同時にみられる社会であるといえる。

以上をふまえ，インド社会における教育を多文化教育の視点から分析し，多文化教育の方向性について考察する。1．の項では，インド社会の多文化的な状況を概観し，インドにおける多文化教育を考える視点をとりだし，その源流を探る。具体例として，2．で言語の階層制と「トライブ」の教育，3．で教科書問題やナショナルカリキュラムを取り上げる。

1．インドにおける多文化教育の視点とその源流
―「不可触民」の権利運動―

インドの国勢調査をみると「全体」「指定カースト（Scheduled Castes）」「指定トライブ（Scheduled Tribes）」「男性」「女性」といったカテゴリー別による識字率が示されている。「指定カースト」とは，「不可触民」といわれた人々であり，1950年制定のインド憲法で保護政策の対象とされ，1991年国勢調査によれば，人口約1億3800人（インド全人口の約16%）である。「指定トライブ」は「原始的，後進的」といわれ，優遇策の対象と指定され，人口約6700万人（全人口の約8%）である。カテゴリー別による識字率を比較すれば，「全体」より「指定カースト」は低く，「指定トライブ」はさらに低く，「男性」より「女性」は低い。そこにインド社会における社会階級，言語，民族，宗教の問題が重層的に混在し，マイノリティがかかえる教育問題が顕在化しているといえる。

確かに民族，宗教，階級，言語，ジェンダーなどによるカテゴリー化がインド社会の人々を特徴づけているが，このような描写は断片的なものにすぎない。なぜなら，人々は社会的権力関係を反映するさまざまな形で位置づけられ，アイデンティティは社会におけるみずからの権利の主張や「正統」への批判の基盤となると同時に，流動的なものであり常に再構築されるのである[1]。このこ

第3節 多文化教育からみたインド社会における教育

とに留意したうえで,依然として社会的カテゴリーを根拠とした差別が存在しつづけ,教育の機会や権利を奪われている人々が相当数存在するという事実は認識されなければならない。そのために,多文化教育の視点は欠かせないのである。

多文化教育の理念は,社会階級,民族,人種,ジェンダー,文化的背景などにかかわらず,すべての児童・生徒が学校で学ぶ権利を平等にもつことであり,それぞれの文化,言語の価値を認め,その維持および実践を権利として位置づけ,政策決定への参加を促すものであり,またそれを実現するために学校などの教育機関において,民族ごとの分離教育を進めるのではなくひとつの教育という原則のもと,潜在的カリキュラムを含めた教育内容の再構成をおこなうことでもある[2]。さらに,多文化教育の目標を常に発展し継続する過程として捉えることが必要であり,多文化教育は何かの目的のために存在する従属的なものではなく,その過程そのものが重要なのである[3]。

そこで多文化教育の視点からインド社会を分析すると,つぎのような諸点を指摘することが可能である。すなわち,① 文化,言語の維持および実践の権利としての位置づけは,インド憲法第29,30条の文化,言語の保持にかかわる権利規定にみることができる。② 政策決定への参加を促すことは,インド憲法での積極的差別是正措置(アファーマティヴアクション)の規定にみることができる。③ 文化的・言語的格差は,インド社会における言語の階層制による問題から捉えることができる。④「分離しかし平等」の教育ではなくひとつの教育という原則から,「トライブ」のための特別学校の意義を問い直すことができる。⑤ 潜在的カリキュラムを含めた教育の内容の再構成という視点からは,ある一定集団の文化や価値が反映された教科書問題,ナショナルカリキュラムの問題を考えることができる。つまり,インド社会には多文化教育的視点からみた課題が多く存在すると同時に,多文化教育の基盤が根づいているといえる。

多文化教育の母胎として,米国における黒人公民権運動が指摘されている

が[4]，インドにおける多文化教育の源流としては，「不可触民制」の廃止と「不可触民」の権利獲得運動をあげることができるといえる。「不可触民制」を廃止したインド憲法の特色は，「マイノリティの特性を維持し，固有の宗教，言語，文化などを尊重すること」と「彼らがこれまで被ってきた不公正を除去し，マジョリティと同様の教育的・経済的地位を保障していくこと」を目的とし，権利の保障と特別の保護をめざすことにある[5]。

そのような憲法を制定するうえで主要な役割を果たしたのは，「不可触民」出身のアンベードカルであり，彼は「不可触民」の権利獲得運動を展開し，ヒンドゥー教とカースト制度に対する徹底した抵抗を試みた。それを根底で支えたのは，少年時代のつぎのような体験にあると指摘されている[6]。アンベードカルは，「穢れ」を理由に，乗り物への乗車や飲料水への接触を拒否され，学校では，教室の隅に座ることを強いられ，教師からは質問を拒否され，水を飲むためには親切な級友に口に水を注いでもらわなければならず，高等学校では，第二言語にヒンドゥー教の聖典語であるサンスクリット語の学習を希望したが，担当教師から拒否されペルシア語を履修せざるをえなかったのである。

同様の経験を「不可触民」といわれた人々の多くが味わわされたと想像できる。「不可触民」の教育の歴史を概観すれば，その公教育からの締め出しは実質的に20世紀まで続いた。1857年には公立学校は原則として「不可触民」を含む全ての人々に平等に開放されることになったが，「不可触民」の児童・生徒や親に対する暴行や脅迫は繰り返され，「不可触民」児童・生徒のための教育は分離学校でなされた[7]。1910～20年代には，「不可触民」への教育普及への努力などにより，徐々に初等教育を受ける数は増加した。また奨学金制度や留保制度の導入，「不可触民」出身教師の育成などもはかられてきた。しかし，学校の内外での「不可触民」児童・生徒への差別は完全に解消されたとは言いがたい。

独立後は「指定カースト」として優遇策の対象とされているが，「指定カースト」出身の教師が占める割合は，現在も初等教育で9～11％，中等教育で5

〜6％にすぎず，学校への物理的・心理的・社会的な距離，数学や言語の達成度における格差，生活文化と学校文化やカリキュラムとの乖離，級友からのいじめなどが指摘されるのである[8]。

以上のように，「不可触民」は，米国の黒人公民権獲得の過程で経験されたように，排除，分離，構造的な差別などの苦しみを体験し，そこから権利運動へと結実させてきたのである。

2. 言語の階層制—「トライブ」の教育—

国勢調査での識字者の規定には「いかなる言語において読み書き能力をもつもの」という表現が使用されている。その「いかなる言語」という表現が象徴するように，使用される数百もの言語数に加え，使用される文字も異なる多言語社会である[9]。連邦公用語であるヒンディー語，準公用語としての英語，州ごとに規定される州公用語，さらに憲法に規定される18言語がある。つまり，大枠として［法規定という特権を与えられた言語（連邦公用語，連邦準公用語，州公用語，憲法第8付則規定言語）］対［その他多数の非規定言語］という構造があり，言語の階層制が指摘できる。言語の階層制といえるのは，どの言語が母語であるかによって，教育，進学，就職における有利さ，象徴性，権威性に影響がみられ，構造的に社会的な地位が決定されているからである。

憲法第29，30条の文化および教育に関する権利に加え，第350条Aでは，言語的マイノリティが母語で初等教育をおこなう権利が規定される。母語学習と多言語学習を推進することが望ましいとされているが，実際には学校教育現場で使用される媒介語や学習される言語は限られている。つまり，教育現場での言語の選択は，新聞を読む，公的な書類を理解できるなど実利面や経済面などから公用語によるほうがより望まれるという考え方にもとづいてなされたり，準備できる教科書によって左右されたりしている。言い換えれば，母語による教育を一応は認めながらも，現実には連邦や州の公用語や英語がもつ，象徴的な地位や国際語や経済語としての地位は揺るがず，言語による優劣を指摘せざ

るをえないのである。

　以上のような言語の階層制による問題は「トライブ」の人々に典型的にあらわれている。「トライブ」の人々の教育に関しては，奨学金制度，寄宿舎，留保枠などにより，就学率，中途退学率，識字率は改善されつつあるが，相対的な格差は依然存在する。その要因として「トライブ」文化を反映しないカリキュラム，教科書，学校行事があげられる。教科書では，「トライブ」の存在やアイデンティティは否定的に描かれ，「トライブ」の人々の母語の多くは，州公用語でも学校での媒介語でもない場合が多く，さらに無文字言語の場合もあり，教育の場から排除される傾向にある。また，識字教育も州公用語でおこなわれている場合が多いため，マディヤ・プラデーシュ州に住む「トライブ」は独自の言語ではなくヒンディー語による識字教育がなされ，タミル・ナードゥ州に住む「トライブ」は独自の言語をもつが，州公用語であるタミル語も話すことができるためタミル語でおこなわれる[10]。アーンドラ・プラデーシュ州では，「トライブ」地域での識字教育の開始が遅れる地区もある[11]。

　総合的で抜本的な改革である「1968年教育に関する国家政策（National Policy on Education）」及び今日の教育政策の基礎をなす「1986年教育に関する国家政策」では，「トライブ」の初等教育に関して，母語での教育および教科書作成，児童・生徒の母語に精通する教師の増員が推進されている[12]。州政府は「トライブ語」を初等教育での媒介語として認めているが現実には，公用語を含む憲法規定語や英語による教育がおこなわれる場合がほとんどであり，実践として「トライブ語」が積極的に導入されているわけではなく，「トライブ」出身の教師も6％にすぎない[13]。

　「トライブ」の人々がもつ教育問題の解決策として，「トライブ」のための寄宿学校がつくられている。そこでは，衣食住が保障されるなかで教育の機会を得ることができ，教師も「トライブ」出身であることが望ましいとされる。

　一方で，生まれた家庭から離れて生活するため，言語や文化の継承に大きな損傷をもたらす一因になることも否定できない。生活空間と学校空間が一致す

第3節　多文化教育からみたインド社会における教育

ることによる心理的な悪影響もある。たとえば，いじめや学習障害が改善されない場合，子どもたちは逃げ場を失うことになる。また，学校設備や生活環境も不十分であり，衣食住が保障されるといっても決して恵まれた環境とはいえない。具体的には，「トライブ」の寄宿学校の生徒たち自身が，食料を横領する校長や無断欠勤の教師，使用できない井戸，支給される制服の不足など学校や生活環境をめぐる問題の改善を訴えている[14]。また，第12学年時におこなわれる共通試験の合格率は，「トライブ」寄宿学校の生徒の場合約50％ほどで，教育内容についての問題も指摘できる。これらの問題は例外的にみられるのではなく，多くの「トライブ」の寄宿学校が同様の課題をかかえており，いかに「トライブ」のための教育をめざすものであったとしても，結果としては格差を助長することにもつながることを示しているといえる。

　このように10億人という人口をかかえるインドにおける多言語主義は，教育を受けることができ国家を担う人材を選定する一方で，教育を受けることができない言語的マイノリティの排除や放置にもつながる危険性をともなう。つまり，有力言語を含む複数言語による「識字者」，有力言語による「非識字者」，母語による「識字者」，母語を含むいずれの言語においても「非識字者」という階層構造を容認してしまう。具体的には，欧米諸国で教育を受けたもの（英語による「識字者」）⇔連邦公用語ヒンディー語や州公用語での「識字者」⇔公用語での「非識字者」⇔母語による「非識字者」という構造である。それは，「差別する者」，「共犯者」，「被差別者」という階層的三者関係は差別を安定的に持続させるという視点[15]とも重なるのである。

3. ナショナルカリキュラムと教科書問題——宗教的マイノリティ——

　国家分裂と統合との間でせめぎあう多文化社会インドにとって，独立国家の創出過程において大きな争点のひとつであった宗教は現在もその位置を揺るがしていない。ヒンドゥーが80％以上の多数派を構成し，ムスリムが約12％の少数派であるなかで，宗教による対立や暴動が繰り返され，教育にも影響を与えている。

　1990年代にはいり，モスク破壊などがおこり，政教分離に反するある一定宗教のイデオロギーの吹聴がみられた。とくに，ヒンドゥー至上主義が強い政党が州政権をとる州では，初等教育や中等教育の教科書記述が書き換えられ，ヒンドゥーの歴史が美化され，イスラム侵略は激しく非難された[16]。この動きはヒンドゥー至上主義の傾向のある政党が中央政権の中軸となってからさらに強まる傾向となり，宗教対立を巧みに利用したナショナルヒストリーを形成するカリキュラム，それにもとづく教科書の作成の動きにつながっている。それがより具体化されたのは，2000年の国立教育調査訓練研究所（National Council of Educational Research and Training（NCERT））による「学校教育のナショナルカリキュラムの枠組み（National Curriculum Framework for School Education（以下，ナショナルカリキュラム（NCFSE）と略記））」である。

　ナショナルカリキュラム（NCFSE）とそれにもとづき作成される教科書をめぐっては議論が繰り返されている。2002年に出版された第6学年と第9学年の社会科の教科書はある一定の価値からの歴史的事実の削除や歪曲がなされており，歴史認識が不適切であることが指摘されている[17]。具体的には，古代文明に関してモヘンジョダロとハラッパがパキスタンに位置することやインダス文明衰退の原因のひとつとしてアーリア人の到来があることは削除されていること，牝牛は神聖視されず重要な経済的資源であったという歴史的事実は省略されていること，家父長制下での女性の地位やカースト差別についてはふれられていないこと，狂信的宗教集団についてタリバーンによるバーミヤン仏

第3節　多文化教育からみたインド社会における教育　　137

像の破壊を例にあげる一方で，狂信的ヒンドゥー教徒によるガンディー暗殺やアヨーディヤでのモスク破壊などインド国内での宗教的暴動については言及されていないこと，などである。

　これは歴史的に初めてみられる現象ではなく繰り返されてきた問題である。1947年分離独立後の教育政策に関する研究をみれば，教育政策の中心は国家建設にともなう国民統合であったといえる[18]。神話，感情，忠誠などを通して国民文化の概念を構築し，それを社会秩序や日常生活という実践において定着させることによって国家建設がはかられてきた。とくに分離独立時においては，国家分裂の危惧から単一の結合した国家というものを定義し，強力に中央集権化されたアイデンティティをもとめようとする動きが強く，独立後20年，40年を経ても同様の傾向はみられた。「1968年教育に関する国家政策」において，経済発展に応じうる人材育成，国民統合，国家発展に寄与するものとしての教育が力説された。

　また，1977年の総選挙によって少なくとも表面上は政教分離を掲げてきた政権が倒れるなかで，歴史教科書について議論が繰り広げられた[19]。問題の焦点は中世インド歴史やムガール帝国の描写についてであり，一定の教科書使用禁止を命じた理由は，宗教ではなく政治的な視点を重視した点や，ヒンドゥーへの賛美と反ムスリム感情が欠如している点とされた。つまり，国家という強力な中央集権的な結合の存在が強調され，教科書の内容に反映されたのである[20]。これは政治の情勢に教育のあり方が影響を受け，教育の自律性が弱体化したことを示している。

　さらに，「1986年教育に関する国家政策」も，国民統合としての教育政策としての要素が強く，「第3部の国民教育制度」では，インドの独立運動の歴史，国民的アイデンティティの形成，インド共通の文化遺産の重視などを基盤とするナショナルカリキュラムの導入が要請されている[21]。それと同時に，ある宗教にもとづく教育は否定され，あらゆる宗教や多様な文化への寛容精神を高める教育の必要性が主張されている。このように，教育政策や教育内容はあくま

でも多様性を認めたうえでの国民統合を強調するものの，結果として排除される歴史があることは否定できないのである。

インド社会は「多元的共生」「政教分離主義」と同時に，ヒンドゥー至上主義の促進による一元化の動きももつ社会である。そのような社会における多文化教育について考えることを目的とし，1．の項では，インド社会の多文化的状況を概観し，多文化教育の概念，インドにおける多文化教育を考える視点をとりだした。そして，多文化教育の基盤として，インドにおける「不可触民制」の撤廃運動やマイノリティへの権利を規定した憲法制定のプロセスを指摘した。「不可触民」の運動は，「不浄」を根拠に正当化される生活場面での分離など，民族や階級間に生じる諸問題を現実の政治のなかで解決していき，権利を制度として定着させてきた典型的なケースであった。2．では言語の階層制について論じ，具体例として「トライブ」を取り上げた。「トライブ」のための特別学校は教育保障を目的とするものであるが，教育格差などが解消されなければ分離への意味も含むのであった。3．では宗教的マイノリティの視点から教科書問題について考察し，ナショナルカリキュラムは他者への偏見や差別を助長させてしまう側面があることを述べた。

　以上からつぎのことがいえる。インドでは「不可触民」の権利運動にみられるように多文化教育の基盤をもっているが，ひとつの教育や教育内容の再構成をめざす多文化教育的な視点からみれば，ある一定文化の教化による国民統合への力が働いていることも指摘できる。民族や歴史をめぐる教育はインドだけに限ったことではなく，日本に現在みることのできる自閉的なナショナリズムや歴史教科書の問題とも重なる。原型が同じである諸問題が，時間的，空間的広がりをもって，何度も反復される形で顕在化してきたのである。それゆえに，多文化教育の視点から問いつづける必要性が指摘できるのである。

第 4 節　オーストラリア歴史教科書にみる文化的価値
　　　－多文化教育とクリティカル・ディスコース分析の接点－

　本節では多文化教育を支える重要概念である「批判的識字力（Critical literacy）」の情報を読み解くという側面について論じる。まず情報に織り込まれた文化的価値観・権力関係などを読み取るための着眼点についてクリティカル・ディスコース分析（Critical Discourse Analysis）の概念を援用しながら考察する。続いてオーストラリアの中等教育で使用されている教科書『近代オーストラリア史』の冒頭部分を取り上げ，そこに織り込まれている文化的価値・権力関係等について検討してゆく。本節は批判的に情報を読み解くための指針となるだろう。

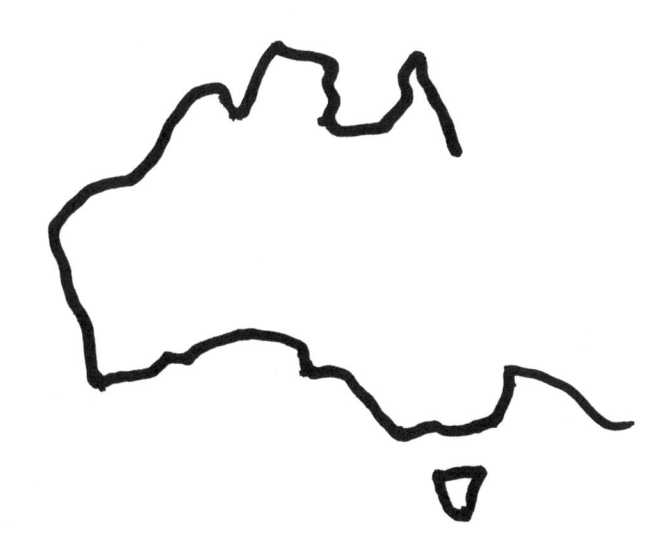

1. 批判的識字力とクリティカル・ディスコース分析

　多文化教育の重要な側面として「批判的識字力（Critical literacy）」を育成することがあげられる。文化的価値や権力関係などはその社会のなかでは自明とされているがゆえに語られることが少なく，日常の生活の背景に隠されてしまいがちである。しかし，不平等を助長するような価値・権力関係の放置は結果として不平等の強化・再生産を許してしまう。批判的識字力は学習者にこのような現実に対抗し，主体的に生き，社会に対して働きかけ変革を促すための力となる。そのため批判的識字力を獲得することは現在の学習者を取り巻く状況のもつ明示されていない文化的価値・権力関係等を可視化できるようになることであり，より民主的で平等な社会を構築するうえで不可欠な能力なのである。社会の変革への道を拓くことでもあるのである。

　さて，現代社会のなかで批判的に現状を認識する力が重要であるという理念が幅広い支持を受けている一方で，そのような力を育成するための具体的で現実可能な方法がもとめられている。クリティカル・ディスコース分析はこのような要請に一定の方向性を出すように発展してきた[1]。事実，クリティカル・ディスコース分析は現状の社会に隠された権力関係を明らかにし，無批判に受け入れられている社会の前提に疑問を呈することを重要な目的のひとつとしている[2]。

　クリティカル・ディスコース分析は一部教育への応用も視野に入れながら，これまで多くの研究者によって定式化が試みられてきた[3]。しかしクリティカル・ディスコース分析にとって重要なのは方法そのものではなく，問題との対峙の仕方といったほうが適切に表現できるだろう[4]。実際に多くの研究者が人種，民族，性別，植民地主義，環境保護などを研究対象とし，「客観的」分析にとどまらず，「社会の不平等を是正する」といった明確な立場から分析し，社会に対する積極的態度表明をおこなってきた[5]。ここからもクリティカル・ディスコース分析は「社会の不平等是正という目的意識」から分離可能な方法

ではなく，明確な目的をもったディスコース分析全般と考えることができるだろう。

　これまでの章でも述べられてきたが，多文化教育は単なる理念ではなく，実践が重要な構成要素である。しかも，その実践の成果によって現存する社会の不平等を低減していこうという考え方がある。この点でもクリティカル・ディスコース分析と志向を同じくするとみることができるだろう。

2. クリティカル・ディスコース分析の方法

　文章を書くという行為は，何らかの目的をもった書き手が言葉の無限な組み合わせのなかから，さまざまな影響を受けながらも多くの選択をおこなっていくという側面をもつ。この意識，無意識を問わずおこなわれた選択の結果が文章となって表現される。ここでいう批判的に読むということは，まさにこの書き手のおこなってきた選択を最終的に表現された文章のなかからたどっていくという行為にほかならない。クリティカル・ディスコース分析はそのための方策として考えることができるだろう。

　以下にどのように文章を読むことが批判的に読むことにつながるのか具体的に質問の形式でまとめられている。ここでは文章を読むことを分析の対象にまとめたが〈書き手〉〈読み手〉を適時変更すれば，文章以外の写真や絵，グラフやゼスチャー，視聴覚メディアといった情報一般にも適用できるであろう。また，このような視点を身につけることは不用意に他者を抑圧することのない表現をすることにもつながるはずである。便宜上質問は2つのステージに分けてある。表現と概念は非常に入り組んでおり分類は難しいが，❶は主に言語表現そのものに注目したものであり，❷はその表現の意味している事柄・概念に注目したものである。

── クリティカル　チェックリスト ──────────────

❶ **言語表現の形**〈何が表現されているのかを知るステージ〉

　特定の人がそのほかの人と支配・被支配の関係になっていることを示す直接的証拠があるかに注目。

1. 誰が書いたのか。何について。どのくらいの長さか。誰が書いたのかを特定することによって，書き手の背景を知り，どのような立場から書いているのかを検討する。
2. 誰が沈黙しているか。話題に関連していながらも，文章に声が反映されていない人はいないか。
3. "We/They/You" "us/them/you" などに相当する，人々をカテゴリー化することのできる語の使用法に注目する。書き手はどのような人々の分類を提示しているか。書き手と読み手を含み，第三者を含まないのか。書き手と第三者を含み，読み手を含まないのか。分類されたグループ同士の関係はどう表現されているか。どのような力関係，または変化が想定されているか。
4. どのような言葉が使われているか（標準語，方言，口語体，文語体など）。特定の言語形式が他の言語形式との対比のなかで使われていないか。想定されている読み手の期待する言葉と書かれている言葉に差はあるか。
5. 言語表現上の適切さのルールは守られているか。破られていれば，なぜ，どのようにおこなわれているか。
6. 躊躇の兆候や婉曲表現はないか。躊躇や婉曲表現を選択している意図はなにか。特定グループに対する配慮か。何らかの意図を隠そうとしているのか。
7. 書き手によって選ばれた語彙は何に対して肯定的/否定的か。誰が良く/悪く示されているか。

❷ **表現の意味**〈権力関係やイデオロギーを発見するステージ〉

1. 書かれていること/書かれていないこと
   （ア）この話題はここで語られる必然性があるか。
   （イ）何が書かれてあり，何が書かれていないのか。何らかの理由で書き手は他の話題ではなく，この話題を選択したのである。その理由は何か。
   （ウ）どうすれば書かれていることが真実だと知ることができるのか。それは誰の視点からの「真実」なのか。
   （エ）言語の形式/適切さ/文章構成上の選択によって意図されている効果/影響は何か。
2. 公平な考え方ができているか。複数の視点（とくに反対意見）が示されているか。

第4節　オーストラリア歴史教科書にみる文化的価値　　143

（ア）何らかの利害関係が想定できるか。特定の利益を代表するように情報を選択している可能性がないか。特定の人が意見表明の機会をもっていること自体すでに不平等の表れではないか。
（イ）文章作成過程から疎外されている人々はだれか。いるとすればなぜ沈黙を守っているか。
（ウ）支配的欲求は表れていないか。自分のほうが権力・知識があるということから必要以上の優越意識を表していないか。また相手は無分別なことをするから助けが必要，あるいは相手から学ぶことはないと決めつけていないか。意図的に誰かの考えを自分の思い通りに変えようとしていないか。他者の権利や要望などを犠牲にしながら自分の利益をもとめていないか。
（エ）従属的欲求は表れていないか。社会に受け入れられるために賛同できないにもかかわらず沈黙していないか。権力がない知識がないことなどを理由に他人に従おうとしていないか。

3. カテゴリー分類は固定的に描かれていないか。変革可能な社会として描かれているか，守るべきものとして描かれているか。（肯定的にも，否定的にも）無理に単純化して一般論を述べていないか。それは何のためにおこなわれようとしているのか。対象の文章はグループを作り出しているか。誰が含まれるか。誰が含まれないか。そのグループは力があると表現されているか。ないとされているか。

4. 文章は社会の調和を構築しようとしているか。あるいは分裂か。誰がそれによって利益を得るのか。どのような役割を言語は果たしているのか。

5. 対象の文章内でどのような社会的なアイデンティティが構築されようとしているか。人々がひとつ以上の社会的なアイデンティティをもつとする証拠はあるか。これらの複数のアイデンティティはそれぞれの異なる文脈でどのような力をもっているのか。これらの複数のアイデンティティは矛盾へと結びついているのか。

　言うまでもないが，この表はあくまで批判的分析のきっかけとするためのものにすぎない。多くの改良点が考えられるだけでなく，他の観点からまったく異なったリストを作ることも可能であろう。まさにこの点は批判的にみていただきたい。しかし，少なくともこのようなある程度定式化された分析をおこなうことによって，どのような点をどのように扱うことが「批判的にものを見ること」なのかという手がかりのひとつにはなるだろう。

3. 「近代オーストラリア史」教科書の分析

今回分析の対象とした教科書は9年生から10年生向けの近代オーストラリア史の教科書，McGraw-Hill Australia社の "*Experience of nationhood: modern Australia since 1901* (Third edition 1992)"[6]である。1975年の初版から現在の第3版までほぼ毎年増刷されている。2002年度は7500部，2003年度は3月現在ですでに1500部と例年以上の売り上げを上げている（出版社発表）。この教科書が改訂を繰り返しながらも30年近くにわたって学校に選ばれ使われていること，相当数の部数を売り上げていることなどの影響力をもっているといえよう。具体的な分析は第1章 "One people one destiny" の冒頭，第1ページを取り上げ，どのように近代オーストラリアの歴史を語り始めているかを検討したい[7]。

また，分析にあたって前掲の表を利用するが，残念ながら紙幅関係上すべての点については考察することができない。ここでふれることのできなかった点については，別の機会におこなうことにしたい。

―― 本文 ――

A continent for a people, a people for a continent.
(Edmund Barton, Australia's first prime minister)
On 1 January 2001 Australians across the nation celebrated the beginning of the twenty-first century. However, Australians had another reason to celebrate this first day of the new century, for 1 January 2001 also marked the country's centenary as a nation. Australia is one of the few nations in modern history that came into being, not as a result of war or revolution, but by a democratic vote of its people. Australia became a nation on 1 January 1901 after the Australian people agreed that the six Australian colonies should federate to create the Commonwealth of Australia. Before 1901, Australia was made up of six self-governing colonies within the British Empire: New South Wales, Victoria, Queensland, South Australia, Western Australia and Tasmania. These colonies had been founded at different times and for different reasons in the eighteenth and nineteenth centuries and they

each had their own government and their own laws. Until federation, there was no system of government for Australia as a whole.

❶ 言語表現の形〈権力関係やイデオロギーを発見するステージ〉

　まず言語表現の形について考える。なお，さらなる考察が必要になる語については特別に「　」に入れた。そのうちいくつかについては実際に本節のなかで考察したい。

1. 誰が何について書いたものか。
　「オーストラリア史の専門家」によって「近代オーストラリアの歴史」について，生徒に一定の「歴史観」をもたせるために書かれている。
2. 誰が沈黙しているか。
　「オーストラリア人」以外。近代国家のオーストラリアの歴史を前提としているため当然のようにも思われるが，例外を認めない単純化された分類が示されている。
3. 人々をカテゴリー化することのできる語の使用法に注目する。
　"a People", "Australians" "its people" "the Australian people" など。一体としての「オーストラリア人」が設定され，それ以外の人々にはまったくふれられていない。
4. どのような言葉が使われているか（標準語，方言，口語体，文語体など）。
　標準的な言語ではあるが，一人称・二人称を避け，客観的なトーンを出そうとしていることが考えられる。
5. 言語表現上の適切さのルールは守られているか。
　おおよそ守られているといえる。
6. 躊躇の兆候や婉曲表現はないか。
　とくに目立ったものはみられない。
7. 書き手によって選ばれた語彙は何に対して肯定的/否定的か。
　　（ア）「オーストラリア人」は積極的（...cerebrated..., to cerebrate...），理性的
　　　　（...had reason..., agreed that....），民主的（...democratic vote of its people.）

と描かれている。

(イ)「オーストラリア」という国は近代的で (…one of the few nations in modern history…), 平和・民主的 (not result of war or revolution, but by a democratic vote of its people), 自立的 (…made up of six self-governing colonies within the British Empire…), 革新的 (…people agreed that the six Australian colonies should federate to create the Commonwealth of Australia) と描かれている。これらのことを通して, 植民地が近代国家オーストラリアになることが肯定的に描かれているともいえるだろう。

❷ 表現の意味〈権力関係やイデオロギーを発見するステージ〉

さて, 表現の意味については紙幅の関係上, 以下の2点のみに焦点を絞って考察する。

誰が「オーストラリア人」なのか

記憶に新しいシドニーオリンピックのさいには多民族共生社会としてのオーストラリアが広く報道されたが, 同時に理想的な多民族共生社会に到達したかのような主催者側の態度に多くの反対者がいたことも報道された。他節でも取り上げられている先住民に関する事柄は非アングロ＝ケルト系移民に関するものとともに重要課題となっている。しかし, 検討した本文にはこのような観点はまったく反映されていない。オーストラリア連邦の成立は先住民にとっては支配の構造が強化・固定化された年でもあり, また, 同年は有色人種の移住を制限した連邦移民制限法が成立した年でもある。教科書全体の方向性を示す冒頭部分にこのような観点が欠けていることは指摘しなければならないだろう。

また, 肯定的に描かれている積極的で理性的で民主的な「オーストラリア人」に関しても, 疑問が残る。戦争や革命でなく投票で現在の連邦になったという点も, 当時の先住民虐殺や誰が投票権をもっていたのかということを考えれば, 到底批判なしで受け入れることはできない[8]。"民主的 (democratic)"という語の意味は連邦成立当時と現在では大きな隔たりがあり, それにふれるこ

第4節　オーストラリア歴史教科書にみる文化的価値　　147

となくまるで当時から現在の程度「民主的」であったかのように表現しては大きな誤解を生む[9]。これらの点からも，ここに表されているのはあまりに一方的で単純化された「オーストラリア人」観といわざるをえない。第一行目のエドモンド・バートンの言葉は現在の観点からではなく史料としての提示だが，いまだにこのような「オーストラリア人」観が生きていることをそれに続く文章が示しているのは皮肉である。

　これを教科書として学ぶ先住民系や非アングロ系移民とその子孫の人々にかかる圧力は大きい。みずからの歴史を「アングロ＝ケルト系オーストラリア人」の視点から理解することを内在化してしまい，教科書に表現されている「オーストラリア人」の分類に入らない自分を従属的な立場に位置づけてしまう危険性が大きいのである。

　現在の中等教育における先住民系や非アングロ＝ケルト系移民とその子孫の割合は決して少なくない。それにもかかわらず十分に声が反映されていないのは，このような人々が数に見合った発言力を獲得していない，あるいは「オーストラリア人」でない自分が「オーストラリア」に受け入れられるようにするための方策として沈黙しているとも解釈できる。いずれにしても当教科書では誰が「オーストラリア人」なのかという点から権力関係・不平等をみつけることができるだろう。

オーストラリアの発展観

　近代国家オーストラリアは発展の頂点として固定的に描かれ，一方その前段階として植民地が描かれている。また，植民地，独立，近代国家とシステムの発展が単線的に捉えられており，それ以外の社会を社会進化論的に判断しようとする危険性がみえる。近年多くの先住民社会システムの研究が進んでいるにもかかわらず，ここには植民地の政治システム・法律のみが表現され，そのほかの社会システムが存在する可能性すらふれられていない。これは近代の植民者とその系列のみが正統な「オーストラリア人」であり，それ以外の可能性を排除するものである。

これらはみな近代と前近代を対極に位置づけ，みずからを「近代＝優位」とし，そのほかを「前近代＝劣位」とする価値観を示しているといえよう。このような態度が過去には白豪主義といった形で現れ，ここにみられる「アングロ＝ケルト系」優越意識にもつながっているのではないだろうか。ここにはありありと「支配的エゴ」の表象がみてとれる。また，他の視点を提示しないことによって，読み手にこの権力・不平等関係に加わることを受け入れるように圧力がかかっているとも読めるであろう。

オーストラリアの教育は70年代から多文化教育を採用し，多くの点で学ぶところが多いが，ここで取り上げた文章に限っては多文化教育の視点が十分に取り入れられているとはいえないであろう。

社会に主体的に参加し，変革しようとする力を得るためには，まず現状を批判的に認識することが欠かせない。この点でクリティカル・ディスコース分析の理念と多文化教育は共通する。そのため民主的な教育を進めていく上でクリティカル・ディスコース分析は有効な方法として多文化教育に取り入れることができるのである。

最後にこの節をもう一度批判的に読み直してほしい。筆者の意図や前提とする事項，価値がより明確な形で理解できるのではないだろうか。このような批判的な書面を通しての対話を可能としてゆく方法を示すことこそ本節の真の目的であったといえるだろう。

第5節　多文化教育としてのアボリジニ語学習
－西オーストラリア州の教育実践から－

　日本における外国人登録者の数において上位1，2位を占めているのは韓国・朝鮮，中国などアジア系となっている。当然，地域によっては公立小・中学校における外国籍児童・生徒の占める割合の高いことが容易に推測できるであろう。また近年，南米出身の外国人登録者数も急増している。浜松市などでは2000年現在，在日外国人の数が1万7000人を超えたといわれており，彼らの定住化の進行にともない[1] 15歳未満の外国籍の学齢人口も急増している。彼らに対する教育面での条件整備が急務となってきている。

　こうした子どもたちに共通の問題点として指摘されていることのひとつに母語喪失がある。それは言語習得の臨界期とみなされる12歳前後の時期[2]に思

考の基盤となる母語を学習する機会が与えられていないという問題である。二つめに，異民族間の相互理解の欠如から惹起される「いじめ」に象徴される差別や偏見の問題があげられよう[3]。昨年の拉致被害者情報報道後の在日朝鮮人の子どもたちへのいやがらせもそのひとつであろう。

　1993年度の国民生活白書は，世田谷区が区在住外国人808人を対象におこなった調査の結果を援用して，外国人に対する差別や偏見が根強く残っていると指摘している。なかでもヨーロッパおよび北米など欧米系よりも韓国・朝鮮，中国などのアジア系のエスニック・マイノリティに対してそうした割合が高いことが報告されている[4]。こうした問題の背景には，日本の学校教育において外国籍の児童・生徒に自文化に対する帰属意識を涵養するためのマイノリティ言語としての民族語学習と彼らに対する差別や偏見を除去するための異文化間の相互理解の視点が欠落していた点があることが指摘できるであろう。

　これらの問題解決のためには，民族語学習と異文化間の相互理解の促進はもちろんのこと，これら二つの教育実践の統合[5]をどう図っていくかという視点の重要性が指摘されてくる。しかも，こうした教育実践の必要性は何も外国籍の児童・生徒に限られたことではない。

　現在，オーストラリアで展開されている多文化教育のひとつの学習形態としての「英語以外の言語」(Language Other Than English, 以下ＬＯＴＥと略記)教育はそうした二つの教育実践の統合の試みである。これは，国内もしくは地域の少数民族や先住民族のもつ文化的アイデンティティーを尊重し，異民族間の相互理解を促進しようとする点で民族語学習と異文化理解学習という二つの教育実践の統合を志向した教育計画として大いに注目されているのである。そこで，本節では，先住民族および非先住民族児童・生徒に対してＬＯＴＥ教育としてのアボリジニ語の学習が初等学校の教育課程のなかにどう位置づき展開しているのか，主として西オーストラリア州の取り組みに焦点を当て，ＬＯＴＥプログラムの特質と問題点について検討を試みることにしたい。なお，ＬＯＴＥ教育に関する具体的な施策の内容および実態の考察に当たっては，1996

第5節　多文化教育としてのアボリジニ語学習　151

年と2000年に実施した現地調査の結果をふまえたものであることを断っておく。

1. 西オーストラリア州の先住民族諸語とアボリジニ語学習導入の背景

　LOTE教育とは，1980年代の国家による言語政策の一環として各州・準州政府の指導の下，地域の学校で展開されているコミュニティ言語としての「英語以外の言語」の学習のことであり，とくに1984年に「教育および芸術に関する上院の常任委員会」(Senate Standing Committee on Education and the Arts) が勧告をおこなった「国家の言語政策」(A National Language Policy) と題する政策文書のなかで，その維持・発展およびサービスの提供の必要性が確認されて以来，多くの学校に普及したと考えられる。

　当然のことながら，同文書のなかでは消滅の危機にさらされているアボリジニ語の保護[6]の必要性についても言及されているが，積極的にアボリジニ語を導入する学校はごく少数で，たとえば1986年の時点では西オーストラリア州のカトリック系の学校147校（初等・中等の両教育機関の合計）のうちわずか10校[7]であり，公立の学校へのアボリジニ語学習の導入にはまったく至っていなかったとされる。

　こうしたなか，西オーストラリア州はアボリジニ諸語をLOTE教育の一環として位置づけ，公立学校の教育課程に組み込む計画を策定した。

　1989年に連邦と各州・準州政府の共同政策声明として「先住民族のための教育に関する国家的政策」(National Aboriginal and Torres Strait Islander Education Policy，以下NAEPと略記) が発表されると，西オーストラリア州教育省 (Education Dept. of Western Australia) は他州に先駆けその1ヵ月後にはNAEPの枠組みのなかで西オーストラリア州アボリジニ教育行動計画 (Western Australia Aboriginal Education Strategic Plan) を策定し，州のアボリジニ教育の方向を示す提言をおこなったのである。

なかでも，その第2次行動計画（1993－95年）は，NAEPの政策目標として勧告された「アボリジニ諸語の保障および継続的活用を支援するプログラムの開発」の必要性について確認している点で注目すべきであろう。

こうした州政府の教育戦略をみていえることは，各学校にアボリジニ語のプログラムの定着を図ることでアボリジニ児童・生徒の文化的・言語的アイデンティティーの自覚が促進され，ひいてはそれが彼らの自尊心の強化につながるのではないかという考え[8]がうかがえる点である。これは学校での言語や文化の違いによる自尊感情の欠如を緩和するのに有効な手段としてアボリジニ語の学習を位置づけていこうというものである。

西オーストラリア州政府がアボリジニの教育問題への取り組みに積極的にならざるをえなかった背景のひとつには，西オーストラリア州特有の地域事情があるといえよう。行動計画のなかでも記されているように，西オーストラリア州のアボリジニ人口は全州・準州のなかで3番目に多い。さらに州人口の全豪人口に占める割合が9.0％であるのに比べ，州内のアボリジニ人口の全豪のそれに占める割合は16.6％と高くなっているのである。その上，1986年から91年までの州内のアボリジニ人口の増加率は州全体の人口増加率の倍近くに達しているのである。とくに，キンバリー（Kimberley）地区などはアボリジニの人口比率が37.9％[9]にも達しており，アボリジニが多く居住するコミュニティが数多く存在しているのである。このような人口動態上の問題も州がアボリジニの教育問題に積極的に取り組まざるをえなかった要因のひとつとしてあげられよう。

もうひとつの理由としてあげられる点は，アボリジニ諸語が絶滅の危機にさらされているということである。1788年当時，英国系の入植以前に話されていた先住民族諸語の数は250以上であったと推測されている。それが，今日にあってはその3分の1ほどしか話されていないのである。しかも，残存する言語の多くも過去のアボリジニに対する隔離政策や同化政策によって多くの言語が失われたように，ここ1・2世代のうちに消滅するかもしれない[10]といわれ

ているのである。

　たとえば，先住民族に対する保護という名目の下，19世紀後半にとられた隔離政策によって多数派の部族（民族）と少数派の部族（民族）が同じ居留地に置かれたという経緯がある。当然のことながら，そのなかでは多数派の言語でコミュニケーションがとられるようになり，その結果として少数派の言語は淘汰され，あるいは混ざりあってピジン化されるという現象が起きたのである。もちろん，多数派話者の言語への吸収・統合が進んだことはいうまでもない。

　また，20世紀の初めから後半にいたるまで続けられたアボリジニの子どもを家族から拉致して，白人社会で育てるという隔離同化政策によっても，母語で話すことを禁じられたアボリジニの子どもたちはしだいに母語を失い，部族（民族）の言語の伝承が途絶えるという事態が起きたのである。

　地理的に先住民族言語が集中する西オーストラリア州の特性から鑑みて，言語遺産の保持・継承は州にとっても緊要な課題であったといえよう。

2. 西オーストラリア州におけるアボリジニ語学習の組織化と教育実践

　ＬＯＴＥ教育戦略計画の下，とくに初等学校におけるアボリジニ諸語の教育の普及・促進および拡充に向けてこれまで検討を重ねてきた州教育省は，1989年，ブルーム（Broom）のカトリック系教育事務所（Catholic Education Office）のハドソン（Hudson, J.）の協力を得て，州内で話されているすべてのアボリジニ語の教育が可能になるようなカリキュラムの枠組みの開発に向けて着手した[11]のである。しかし，このカリキュラム開発には多大な挑戦をともなうこととなった。それは，アボリジニ語それ自体が多様であるうえ，今なお公式にアボリジニのコミュニティで使用されている優勢な言語がある一方で失われた言語も一部にあり[12]，これらの言語をどう扱っていけばよいのかといった難問が残されていたからである。

　こうした問題の検討を重ねた末，西オーストラリア州教育省が示した指針が

1992年の「初等学校におけるアボリジニ語教育の枠組み」(Framework for the Teaching of Aboriginal Languages in Primary Schools) であった。この枠組みは，伝統的なアボリジニ語が今もってコミュニティ内で使われていることと，学校でのアボリジニ諸語の教育に対してコミュニティから絶大な支援が得られることを前提に，アボリジニの児童の比率が高い初等学校での使用を想定して考えられたものであった。こうした枠組みに沿って，1992年当初は9校で，2年後の1994年には22校で実験が試みられたのである。しかしながら，このような実験を進めるに当たって，非アボリジニ児童のLOTEクラスへの統合問題やアボリジニ社会への対応の問題，さらにはアボリジニのコミュニティのさまざまな要求にどう対応[13]していくかといった新たな問題も噴出してきたのである。

　また，LOTEプログラムのカリキュラム開発の依頼を受け，みずからもワルマジャリ語（Walmajarri）のシラバス作成に携わってきたハドソン自身もシラバス作りに当たって，いくつかの超えなければならないハードルがあることを痛感し，つぎのような問題点を指摘している。第一に，シラバスを読むことができる教師がアボリジニ語を理解していないということ，また，逆にアボリジニ語を認識しているものがシラバスを読むことができないという矛盾した現実があったのである。第二に，シラバスが利用される学校の多くで言語の教授方法の教育を受けている教師が不在であった[14]ということである。これらの難問のうち，アボリジニ諸語の多様性の問題については，今日では「州内のすべてのアボリジニ諸語が学習できるような教育課程の枠組みを提示する[15]」ことが確認され，多数派言語から少数派言語に及ぶ多様なアボリジニ諸語がLOTE教育のなかに位置づけられることになったのである。

　一方，実際の授業を担当する教員の配置の問題では，多くの場合，学級の担任教師，アボリジニのコミュニティ出身の言語スペシャリスト（Aboriginal Language Specialist）およびアボリジニ教員補助（Aboriginal Education Worker or Teaching Assistant，以下AEWと略記）もしくは言語アドバイザー（Linguist）の2名ないしは4名の連携によるティーム・ティーチングで臨むこ

とが確認されたのである。

　以後，LOTEとしてアボリジニ諸語を教授する学校の多くで，こうした指導体制にもとづく言語プログラムが展開されるようになっていった。以下はそうした四者の職務内容についての概略である。

　言語スペシャリスト：アボリジニのコミュニティ出身のアボリジニ言語話者で，アボリジニ語に関する専門的知識は有しているが，英語の識字力に乏しい。彼らは教師教育や言語教育などの専門教育をまったく受けていないとされ，当然，教授方法にも精通していない。

　クラスの担任教師：学級運営に関する専門的知識は有しているが言語に関しての知識はもっていないとされる。それゆえ，言語スペシャリストをチームの一員として迎え入れることにより，アボリジニの児童・生徒を授業に出席しやすくするような雰囲気作りをおこなうなど環境面での整備に努めたり，言語スペシャリストの助言に従って学級運営をおこなったりするのである。また，授業計画の作成に携わる以外にも，会議を組織したりするなど側面から授業を支援する役割も担っている。

　AEW：言語スペシャリストほど堪能ではないが，アボリジニ語に関する知識が若干あり，英語の識字力もあるとされる。AEWの役割としては，言語プログラムの開発・支援や，言語プログラムを推進するための教材作りおよび授業の準備，アボリジニのコミュニティとの協議のさいにおける教職員に対する支援といったことがあげられよう。

　言語アドバイザー：教師教育は受けていないが，言語に関する専門的な知識を有し，チームからもとめられれば情報を提供するといった，いわば言語チームのコンサルタント的な役割を担っている。また，学校とアボリジニのコミュニティとの連絡・調整に当たったり，教授する言語をどの言語にしたらよいか，言語スペシャリストを誰に依頼したらよいかを判断するのも言語アドバイザーのしごとである。そして必要とあればクラスの授業に出向き，助言をおこなうのである。

これら四者はいずれも言語ティームの会議への参加[16]を義務づけられており，四者がお互いの長所や特徴を生かしながらティームが一丸となって授業計画の作成に取り組むのである。

さきにもふれたように，アボリジニの言語には標準語というものがない。したがって，個々の部族（民族）の言語を母語とする人々のなかから学校教育に携わる教員を得るのは至難の業といえ，しかもそうした教師の養成もなされていないのが現状である。そうした視点にたって考えれば，こうした四者の連携によるティーム・ティーチング方式のアボリジニ語学習は四者がお互いの欠点を補いながら授業を展開していくという点できわめて現実的であり，しかも理にかなったものといえよう。その上，ティーム自体もアボリジニと非アボリジニからなる混成ティームであり，それぞれの民族的背景を授業に反映させることができる面での学習効果も大きいと考えられよう。また，プログラムの実施によって先住民族諸語がより多くの子どもたちに使われるようになるばかりか，そのことが学校とアボリジニ・コミュニティとの関係改善もしくはアボリジニと非アボリジニとの関係改善に有効な手段となりうるばかりでなく，ひいてはアボリジニの子どもたちの自尊感情も高められ，なおかつ彼らの学力の向上にも結びつく[17]であろうというのである。

3. アボリジニ語学習の実践校の事例から

筆者はさきにも述べたように，1996年と2000年の2度にわたってLOTEとしてのアボリジニ語学習に関する現地調査を西オーストラリア州でおこなっている。当然，数日間の学校訪問調査で学習活動の態様を把握することの困難さについて指摘されるところであるが，ここではこうした限界をふまえたうえでの調査・分析を試みることを断っておこう。なお，筆者は1996年8月にパース近郊のL初等学校（L. Primary School），2000年6月には，同じくパース近郊のT初等学校（T. Primary School）および同州北部のキンバリー地区のブルーム初等学校（Broom Primary School）の州立校3校の訪問調査をおこなっ

ている。このうち，対照的な教育実践をおこなっているとされるL初等学校とT初等学校の2校を取り上げて考察することとしよう。

L初等学校は，アボリジニ児童80人を含む全校児童300人の中規模校であるが，この地区の実験校として初めてLOTE計画としてのヌガ言語プログラム（Nyungah Language Programme）に取り組んだ学校であり，いわばアボリジニ諸語学習の草分け的存在である。これは，近隣にアボリジニの人々の居住区があることと，この地域で何千年にもわたって話されてきたヌガ語をカリキュラムに組み込んでほしいとのアボリジニ側の要望にこたえての導入であった。同校では，前述したようにヌガ言語スペシャリストおよび担任教師，AEW，それに言語アドバイザーの四者によるヌガ語チームが組織されており，ティーム会議における四者の合意によって主題（単元）が決められ，それをもとに授業計画が作成され，ヌガ語の授業が展開されている。授業計画は，日時・対象学年・主題・指導目標（児童に学んでもらいたい言葉を含む）・指導方法（学習活動を含む）・教材・評価で構成され，わが国の学習指導案（学習活動案）との共通点はみられるものの，実際の記述内容に関しては箇条書き程度で必要事項のみが記入されているにすぎない。しかしながら，そこで扱われる指導の内容は創造的な学習活動を志向しており，非常に豊かである。

たとえば，「環境」という主題を設定した第4, 5学年（9, 10歳）対象の授業（アボリジニの児童6名，非アボリジニの児童14名のクラス）では，まず，教室でかつてのこの地域周辺の生態系を描写した言語スペシャリスト自筆の風景画を示し，それについてヌガ語を交えて説明した後，校外での散策活動に出かけ，児童それぞれが思い思いの草木や枝，木の葉を集める。言語スペシャリストは拾い集められたその一つひとつを手に取り，ヌガ語での表現の仕方を指導するのである。そして，再び教室に戻ると，今度は4～5名の小グループに分かれ，アボリジニ児童も非アボリジニ児童も一緒に拾い集めて来た草木や枝を使って張り絵をするなどの共同学習を展開していくのである。

L初等学校のヌガ言語の教育実践を通していえることは，LOTE教育とし

てのアボリジニ諸語の学習プログラムには伝統的なアボリジニ諸語の維持・継承—ヌガ語のように消滅しつつある少数話者の言語の伝承—を図るという側面もあるが，他方で非アボリジニ児童がアボリジニ児童と共にアボリジニ諸語を学習することにより，彼らのアボリジニの文化や社会に対する理解をいっそう促進し，より相対的な態度が身につけられるという期待がもてることである。

子どもが互いの異文化を理解するということ，さらには，そこから育まれる子どもたちの尊重しあう態度が親の姿勢をも変えていくという発想であろう。いうなれば，LOTE教育を通してマジョリティの次世代の態度を多文化多民族社会について肯定的態度へと変化させていこうというのである。

総じて，ヌガ語チームを組織する教師たちの子どもたちに対する評価も良好で，アボリジニ児童がプログラムに対して非常に興味をもっているのに加え，非アボリジニ児童の授業への取り組みが熱心であることや，ヌガ語スペシャリストおよびAEWのアボリジニ教師と非アボリジニ児童との関係もいたって良好であることが確認されている[18]。これはアボリジニと非アボリジニ間の相互理解が育まれ，さらにはアボリジニの言語やアイデンティティーの維持・継承が効果的におこなわれているということの証左にほかならない。

また，本授業で設定した「環境」という主題は，アボリジニの視点からみるともっとも重要なテーマともいえ，自然環境との共生のあり方を考えるという意味でも，このプログラムが単なる言語学習に終わらないことを示唆しているといえよう。

もうひとつの訪問校であるT初等学校は，L校とは対照的に全校児童260人のうちアボリジニ児童がほぼ半数近く（119人）を占める州立校である。同校ではLOTE教育としてのアボリジニ語学習以外に言語学習をもうひとつ提供していることで注目されている。

2000年現在，西オーストラリア州教育省は重要言語としてアボリジニ諸語，イタリア語，インドネシア語，ドイツ語，フランス語，中国語，日本語等をあげているが，ここではイタリア語が第6，7学年（初等段階の最終学年）に，ヌ

第 5 節　多文化教育としてのアボリジニ語学習

ガ語が第 3, 4 学年（2001 年度からは第 5 学年にまで延長）にそれぞれ配当されているのである。

　同校ではＬ校のような言語スペシャリストや言語アドバイザーは配置されておらず，ＡＥＷと担任教師のみによるティーム・ティーチングで授業が展開されている。両者でひとクラスを受けもつときもあれば，二つのティームに分かれてそれぞれが個々に授業を担当することもあり，内容によりそのつど臨機応変に対応する。具体的には，第 4 学年（9 歳）のヌガ語の授業（20 人中アボリジニ児童 9 人）では西欧社会とは異なるアボリジニ社会の家族観（拡大家族）について絵入りカードを使って学習するほか，カルタ取りのような文字と絵のカード合わせやビンゴなどのゲームを通しての言語認識の学習が展開されているのである。

　また，同校のヌガ語学習の特徴ともいえるのが，児童によるヌガ語の合唱会に保護者を招待したり，地域のショッピングセンターに出向いて一時間のヌガ語学習の公開授業をおこなうなどしている点である。こうしたデモンストレーションをおこなう背景には，保護者や地域の住民にヌガ語学習に対する理解や支援を得るという理由があるように思える。というのも，アボリジニの親たちが子どもたちのヌガ語学習について満足している一方で，非アボリジニの親たちのなかにはこうした学習に不満をもつ者もおり，そうした親の場合，ＬＯＴＥとしてアボリジニ語以外のインドネシア語など教育省指定の言語——とくに言語そのものが経済的な意味をもつ言語（economic language）など——を望む傾向が強いのである。住民をも巻き込んだ学習は，こうした親たちの理解を得るのに一役買っているといえよう。

　総じて，親たちの多くは学校側のＬＯＴＥとしてのヌガ語選択に理解を示しているが，他方で思うように理解が得られない親に対しては行政側の事情説明がおこなわれる[19]。

　今日の日本の学校教育——とりわけ多くの公立小学校が取り組んでいる総合学

習としての国際理解の学習—においては，国内さらには地域の多文化多民族化—言い換えれば「内なる国際化」—を視野に入れた教育実践が必要とされている。敷衍して述べれば，それは民族語学習と異文化共生の学習という二つの教育実践の統合をどう図っていくかということであり，その視点にたっての教育実践の必要性がもとめられているということである。

そこで本節では，こうした教育実践の可能性を探るために西オーストラリア州で試みられているＬＯＴＥ教育としてのアボリジニ語学習の教育実践のあり方に示唆をもとめた。

アボリジニ語学習は，学区域のアボリジニのコミュニティで使用されている—あるいはかつて使用されていた—アボリジニ語の維持・継承およびアボリジニ・非アボリジニ間の相互理解の促進を図るという点において，「民族共生とアイデンティティーの形成」という二重の目標に言語教育の面からアプローチする効果的な方法として実施されていた。とりもなおさずＬＯＴＥ教育においては，母語の学習を通してアボリジニ児童の文化的・言語的アイデンティティーの自覚が促され，自尊感情も高められるという側面がある一方で，非アボリジニの児童がアボリジニの児童と共にアボリジニ語を学習することにより，アボリジニの文化や社会に対する理解をいっそう促進し，なおかつ差異を受け入れつつ共に生きるという多文化社会に対する態度を身につけられるという学習効果も得られるのであった。しかも，ＬＯＴＥ教育にはわが国の英語教育にみられるようなインテレクチュアル・トレーニングとは異なる授業の展開がみられ，その理念の根底には同じコミュニティに生きている人々の言語を学ぶという認識があるように思える。

しかしながらその一方で課題も多い。まず，アボリジニ言語スペシャリストに対する報酬の問題である。彼らは有資格教員でないという理由で賃金が低く押さえられており，アボリジニ語に関する専門的知識にみあった査定がおこなわれていない[20]のが現状である。第二に，こうした言語スペシャリストを含めて，言語ティームのスタッフ４名が全員揃って配置されているケースがあまり

多くないということである。こうした背景には，有資格教員の不足[21]がその大きな理由としてあげられよう。第三に，アボリジニ語の学習を提供する中等教育機関は多くなく，T初等学校の近隣にもそうした中等学校はみうけられない[22]。学習の継続性を考慮した場合，中等教育機関におけるアボリジニ語の学習機会をどう保障していくかは重要な問題の提起となろう。最後に，都市に散在し，母語習得の機会を剥奪され，母語を完全に喪失してしまっているパート・アボリジニの問題があげられよう。彼らに対してどの部族（民族）の言語を習得する機会を提供していけばよいか。言語の問題はアイデンティティーの喪失に悩む都市のアボリジニにとって深刻な問題である。これらの問題は今後の検討すべき重要な課題であるといえよう。

　いずれにせよ，西オーストラリア州の取り組みは多文化多民族化が進む日本の学校教育のあり方を考えるうえで今後注目し，検討すべき論点を含んでいるといえよう。

補　注

第 1 章第 1 節
（1）朝倉征夫『産業革新下の庶民教育』酒井書店，1999 年，pp. 359-361。
（2）朝倉征夫『多文化教育——一元的文化，価値から多様な文化，価値の教育へ—』成文堂，1995 年，pp. 41-42。
（3）M. Sarup. The Politics of Multiracial Education 1986. p. 111. Routledge & Kegan Paul
（4）J. Lynch. Multicultural Education. Principles and Practice. 1986. p. 12. Routledge & Kegan Paul.
（5）E. B. Vold. Evolution of Multicultural Education; A Socio-Political Perspective. (P. G. Ramsey, E. B. Vold, L. R. Williams. *Multicultural Education. A Source Book*. 1989. Garland Publishing, Inc.)
（6）前掲『産業革新下の庶民教育』p. 357。
（7）同上，p. 347。

第 1 章第 2 節
（1）朝日新聞大阪社会部『暗い森—神戸連続児童殺傷事件—』朝日新聞社，2000 年，p. 262。以下では同書から「犯行声明文」を引用する。
（2）宮台真司『透明な存在の不透明な悪意』春秋社，1997 年。
（3）土師 守『淳』新潮文庫，2002 年，p. 239。
（4）朝倉征夫『産業革新と生涯学習』酒井書店，1996 年，p. 146。
（5）Charles Taylor, 'The Politics of Recognition', *Multiculturalism*, Princeton University Press, 1994, p. 25.
（6）朝倉征夫『子どもにとって現代とは』学文社，1987 年，p. 71。
（7）坂部 恵『ペルソナの詩学—かたり　ふるまい　こころ—』岩波書店，1989 年，pp. 38-39。
（8）以下の J・H・ミードの思惟についての解釈については，J・ハーバーマスに従う。Jügen Habermas, *Theorie des kommunikativen Handelns Band2*, Suhrkamp., 1981, Kap. 5.
（9）坂部，前掲書『ペルソナの詩学』p. 42。
（10）同前，p. 43。
（11）村瀬 学『13 歳論』洋泉社，1999 年，pp. 172-173。

(12) 坂部, 前掲書『ペルソナの詩学』p. 43。
(13) 同前, p. 39。
(14) Habermas, op. cit., S. 167-68.
(15) M・エリアーデ『生と再生―イニシエーションの宗教的意義―』堀 一郎訳, 東京大学出版会, 1971年, pp. 35-51。
(16) Habermas, op. cit., S. 150.
(17) 坂部 恵『仮面の解釈学』東京大学出版会, 1976年, p. 13。
(18) 山口昌男『文化と両義性』岩波書店, 1975年, p. 39。
(19) 坂部, 前掲書『仮面の解釈学』p. 25。
(20) 同前。
(21) 山口, 前掲書『文化と両義性』p. 69。
(22) 坂部, 前掲書『ペルソナの詩学』pp. 74-75。
(23) 村瀬, 前掲書『13歳論』p. 285。
(24) 朝日新聞大阪社会部, 前掲書『暗い森』pp. 117-118。
(25) Jacques Derrida, De LA Grammatologie, Minuit, 1967, pp. 164-165.
(26) Habermas, op. cit., S. 160.
(27) 村瀬, 前掲書『13歳論』p. 286。
(28) Habermas, op. cit., S. 161.
(29) 朝日新聞大阪社会部, 前掲書『暗い森』pp. 269-27。
(30) 同前, p. 271。

第2章第1節

(1) 朝倉征夫・前田耕司・矢口徹也・内山宗昭他「大学改革と大学開放―わが国教育改革を中心に―」(早稲田大学教育総合研究室『早稲田教育評論』第7巻第1号, 1993年3月, pp. 2-3)。同「大学改革と大学開放に関する研究」(同『早稲田教育評論』第8巻第1号, 1994年3月, pp. 59-67)。同「大学改革と大学開放の研究―大学開放の方向性を中心に―」(同『早稲田教育評論』第9巻第1号, 1995年3月, pp. 17-40)。同「大学開放にかかわる可能性と課題」(同『早稲田教育評論』第10巻第1号, 1996年3月, pp. 65-92) 参照。また, 多文化的視点からの大学開放については, 前田耕司「多文化社会における大学開放の視座―アボリジナル支援に関する研究序説―」(日本国際教育学会『国際教育』第2号, 1995年2月, pp. 78-95)。同「アボリジニへの高等教育支援策の展開と課題―多文化社会の大学開放の一側面―」(日本社会教育学会『多文化・民族共生社会と生涯学習』(『日本の社会教育』第39号) 1995年9月, pp. 122-134) 他参照。

日本の大学開放の現状と課題に関わっては, 拙稿「多文化的な視点からみた大学開

放─日本の大学開放の課題を中心に─」(早稲田大学教育総合研究所企画研究 A‐1 部会『国際化する地域社会の生涯教育-文化に焦点を合わせて─』所収)2001年2月2日, pp. 14-26。同「日本の大学開放の多文化的視点からみた課題-現状と可能性・課題を中心に─」(早稲田大学教育総合研究所公募研究 B‐1 部会『多文化教育の研究─実践の模索─』所収, 2002年2月4日, pp. 19-28)参照。

(2) 1996〜2000年までの動向は拙論「多文化的な視点からみた大学開放─日本の大学開放の課題を中心に─」(前掲『国際化する地域社会の生涯教育─文化に焦点を合わせて─』所収, pp. 16-19), それ以前までの動向は, 朝倉征夫・前田耕司・矢口徹也・内山宗昭他「大学開放にかかわる可能性と課題」(前掲『早稲田教育評論』第10巻第1号, 1996年3月, pp. 65-92, 付表含む)参照。

(3) 中央教育審議会答申「大学設置基準の改正について」(2003年1月23日答申)。尚, 答申資料は, 文部科学省ホームページ (http://www.mext.go.jp/b_menu/shingi/index.htm) による。引用は以下同様。

(4) 同「大学院における高度専門職業人養成について」(2002月8月5日答申)。

(5) 同「大学の質の保証に係る新たなシステムの構築について」(2002年8月5日答申)。

(6) 同「大学等における社会人受け入れの推進方策について」(2002月2月21日答申)。

(7) 中央教育審議会大学分科会制度部会資料・香川正弘「社会人学生の大学への受け入れに関する課題と提言」(2001年9月1日) (http://www.mext.go.jp/a_menu/shougai/index.htm) に,「公的生涯学習は高学歴者への盛んな学習意欲に対応しておらず, 社会的弱者に向けられている」ゆえ「高学歴者」への開放を目指す方向が提言されている。多文化的視点から遠いことがわかるが,「高学歴者」, また答申の「高度専門職業人」等の概念自体の検討が必要であると考えられる。

(8) 中央教育審議会答申「新しい時代における教養教育の在り方について」(2002年2月21日答申)。

(9) 生涯学習審議会答申「新しい情報通信技術を活用した生涯学習の推進方策について」(2000年11月28日答申)。

(10) 注2論文参照。

(11) 生涯学習審議会答申「地域における生涯学習機会の充実方策について」(1996年4月24日答申)。

(12) 前掲「多文化社会における大学開放の視座」(前掲『国際教育』第2号, pp. 78-79)。前掲「アボリジニへの高等教育支援策の展開と課題」(前掲『日本の社会教育』第39号, p. 123)。

(13) 前掲「大学開放にかかわる可能性と課題」(前掲『早稲田教育評論』第10巻第1号, pp. 83-84)参照。

(14) 前掲「多文化的な視点からみた大学開放」(前掲『国際化する地域社会の生涯教育』

所収）pp. 18-19。
(15)　大学審議会答申「21世紀の大学像と今後の改革方策について」（文部省高等教育局高等教育研究会『大学の多様な発展を目指して』1999年5月，p. 46）。
(16)　前掲「地域における生涯学習機会の充実方策について」（1996年4月24日答申）。
(17)　生涯学習審議会答申「新しい情報通信技術を活用した生涯学習の推進方策について」（2000年11月28日答申）。
(18)　大学審議会答申「「遠隔授業」の大学設置基準における取扱い等について」（1997年12月18日答申）（文部省高等教育局高等教育研究会『大学審議会答申・報告総覧』ぎょうせい，1998年10月，pp. 155-164）。前掲「21世紀の大学像と今後の改革方策について」（前掲『大学の多様な発展を目指して』pp. 17-118）。
(19)　前掲「「遠隔授業」の大学設置基準における取扱い等について」p. 157。
(20)　「高等教育機関における障害をもつ学生に対するメディア・IT活用実態調査（2001年度概要）」（http://www.nime.ac.jp/~hirose/research1.htm　メディア教育開発センター）。
(21)　初等・中等教育機関を中心とした学校教育の課題に関しては，江原武一編著『多文化教育の国際比較-エスニシティへの教育の対応』玉川大学出版部，2000年2月，pp. 284-308等を参照。
(22)　朝倉征夫「地域社会の国際化と多文化教育」（前掲『国際化する地域社会の生涯教育』所収）2001年2月2日，pp. 10-11参照。
(23)　前掲「多文化的な視点からみた大学開放」（前掲『国際化する地域社会の生涯教育』所収）2001年2月2日，pp. 20-22。
　　　なお，本節は，「日本の大学開放の多文化的視点からみた課題—現状と可能性・課題を中心に—」（早稲田大学教育総合研究所公募研究B-1部会『多文化教育の研究—実践の模索—』所収，2002年2月4日，pp. 19-28）をもとに，いくつかの論点を加え，整理，改稿したものである。割愛した論点もあり，それについては本論文を参照。

第2章第2節

(1)　早稲田大学教育学部『2001授業ガイド教育学科編』2001年，p. 119。
(2)　公立中学校二部あるいは夜間学級のことを総称してここでは夜間中学校と記載している。
(3)　「青春学校」は，1994年5月に始まった識字学級で，北九州市八幡西区穴生公民館で毎週1回，夜，開かれている。運営などはすべて市民によるボランティアの手で行われ，公立夜間中学校の設立を市や県に働きかける運動（夜間中学設立運動）も行っている。ボランティアの市民を含め，「青春学校」に学ぶ人たちの作文を集めた文集『青春学校』が毎年発行されている。

（4） 世田谷区立新星中学校夜間学級『2001年度学校要覧（平成13年度）』。
（5） 東京都足立区立第四中学校夜間学級『2001年度夜間学級要覧（平成13年度）』。
（6） 東京都内以外にも夜間中学校は存在している。それらを見ていけばさらにその多様さを知ることができるだろう。

　　例えば，「生徒」，教師，そして夜間中学を見守り支えていこうという市民の共同的ないとなみの実践されているところ，逆に，昼間の中学教師が交代で勤務しながら細々と続けているところなどである。
（7） 関東地域の自主夜間中学・夜間中学設立運動には，「江東区に公立夜間中学・日本語学級を作る会」（東京都江東区）「川口自主夜間中学・埼玉に夜間中学を作る会」（埼玉県）「松戸市に夜間中学校をつくる市民の会」（千葉県松戸市）がある。また公立夜間中学校設立運動の看板を掲げてはいないが市民グループによって行われている自主夜間中学校は他にも存在する。また，「横浜・寿識字学校」「川崎市ふれあい館識字学級」（神奈川県）なども長年にわたる経験の蓄積のもとに現在も活動を展開している。

第2章第3節
（1） 読売新聞，2002年10月23日朝刊。
（2） 「障害者差別禁止法制定」作業チーム編『当事者がつくる障害者差別禁止法—保護から権利へ』現代書館，2002年，p. 65。
（3） 長瀬修「障害学に向けて」（石川准・長瀬修編『障害学への招待』明石書店，1999年，p. 11）。
（4） 同前，p. 23。
（5） 「ろう文化宣言」（『現代思想』1995年3月号所収）。
（6） Dプロ紹介パンフレット，1998年5月。
（7） 『NHKみんなの手話』2002年，はじめに。
（8） 庄崎隆志「ろう者と聴者—『ことば』を超えた新しい舞台創造—」（一番ヶ瀬康子・河東田博編『障害者と福祉文化』明石書店，2001年，p. 169）。
（9） 『季刊みみ』2002年，No. 98，p. 31。
（10） 森壮也「日本手話①」（『ことばと社会』3号，2000年，p. 162, p. 165）。
（11） 『世田谷福祉専門学校』2003年度学校案内，p. 12。
（12） 『NHKみんなの手話』2002年，前掲，p. 82。
（13） 上野益雄『聾教育史—歴史に学ぶ—』日本図書センター，2001年，p. 166, p. 176。
（14） 木村晴美・小薗江聡／芳仲愛子訳「聞こえない子どもに人工内耳は必要か」（『現代思想』2002年2月号に所収，p. 216）。
（15） 日本聴力障害新聞，2003年1月号，p. 3。
（16） 同前。

(17) 言語権研究会編『ことばへの権利—言語権とは何か—』三元社, 1999 年, p. 18。
(18) 同前, p. 71。

第 2 章第 4 節

(1) 廣川空美「保健医療場面におけるジェンダー」(津田彰編『シリーズ医療の行動科学Ⅱ　医療行動科学のためのカレント・トピックス』北大路書房, 2002 年, pp. 96-97。)
(2) 田尾雅夫・久保真人『バーンアウトの理論と実際』誠信書房, 1996 年, p. 102。
(3) 前掲「保健医療場面におけるジェンダー」, p. 96。
(4) 朝倉征夫『多文化教育——一元的文化, 価値から多様な文化, 価値の教育へ—』成文堂, 1995 年, p. 3。
(5) 同前, p. 51。
(6) 森村修『ケアの倫理』大修館書店, 2000 年, p. 84。
(7) 内藤和美「ケアの規範」(杉本貴代栄編『ジェンダー・エシックスと社会福祉』ミネルヴァ書房, 2000 年, pp. 56-73。)
(8) メイヤロフ, M.『ケアの本質』田村真他訳, ゆみる出版, 1987 年, pp. 13-16。
(9) 前掲「ケアの規範」(前掲『ジェンダー・エシックスと社会福祉』) p. 58。
(10) 川本隆史『現代倫理学の冒険-社会理論のネットワークへ』創文社, 1995 年, pp. 196-211。
(11) ギリガン, C.『もうひとつの声』岩男寿美子監訳, 川島書店, 1986 年, p. 24。
(12) 山岸明子『道徳性の発達に関する実証的・理論的研究』1995 年, pp. 225-237。
(13) 筒井真優美「ケア／ケアリングの概念」(『看護研究』26 巻 1 号, 1993 年, pp. 2-13。)
(14) 同前, p. 2。
(15) 前掲「ケアの規範」(前掲『ジェンダー・エシックスと社会福祉』) p. 61。
(16) 前掲『現代倫理学の冒険』1995 年, p. 72。
(17) ホックシールド, A. R.『管理される心-感情が商品になるとき』石川准ほか訳, 世界思想社, 2000 年, p. 7。
(18) 武井麻子『感情と看護—人とのかかわりを職業とすることの意味—』医学書院, 2001 年, p. 40。
(19) 石川准「感情労働とは何か」(『看護管理』11 巻 11 号, 2001 年, pp. 881-886)。
(20) スミス, P.『感情労働としての看護』武井麻子他監訳, ゆみる出版, 2000 年, p. 3。
(21) 同前, p. 7。
(22) Maslach, C. & Jackson, S. E. Measurement of experienced burnout. *Journal of Occupational Behavior*, 2, pp. 99-113.

(23) Maslach 岡本祐子「ケアすることとアイデンティティの発達」(岡本祐子編『女性の生涯発達とアイデンティティ』北大路書房，1999年，pp. 143-178。)
(24) 前掲『ケアの倫理』2000年，p. 115。
(25) 前掲「ケアの規範」(前掲『ジェンダー・エシックスと社会福祉』) p. 70。
(26) 前掲『感情と看護-人とのかかわりを職業とすることの意味』2001年，pp. 48-60。
(27) 山田昌弘「感情による社会的コントロール-感情という権力」(岡原正幸他『感情の社会学—エモーション・コンシャスな時代—』世界思想社，1997年，pp. 69-90。)
(28) 前掲『多文化教育』1995年，p.49。
(29) 林泰成『ケアする心を育む道徳教育』北大路書房，2000年。
(30) 前掲『感情労働としての看護』2000年，p. 59。

第2章第5節
(1) ここでは先住民族について，国際労働機関 (ILO) 169号条約の定義に立脚する。
(2) 北海道高等学校教職員組合『続・生徒とともに考える日本の少数民族』同組合，1988年。
(3) 中村和之「高等学校『地理・歴史科』教科書におけるアイヌ民族をめぐる記述について」(『北海道立札幌稲西高等学校紀要』1994年，pp. 36-37)
(4) 川田順造「無文字社会の歴史を問う」(『社会科学の方法 Ⅸ』岩波書店，1993年，p. 42)
(5) yukar（英雄叙事詩），kamuy yukar（神謡）や uwepeker（民話）などが残されている。
(6) yukar は冒険譚的な性格を持ち，kamuy yukar は神々にまつわる話。元来過去の事象を語るために口述されたものではない。
(7) 松浦武史郎や菅江真澄などの史料がこれにあたる。
(8) 松本成美・秋田達男・館忠良『コタンに生きる』徳間書店，1977年，pp. 183-188。
(9) 福井憲彦『「新しい歴史学」とは何か』日本エディタースクール，1987年，pp. 8-13。
(10) 児島は『新羅之記録』の中で和人が使用するアイヌ語に着目し，特別な意味が付加されていた可能性を指摘している。(児島恭子『アイヌ民族史の研究』吉川弘文館，2002, p. 418)
(11) 小川正人『近代アイヌ教育制度史研究』北海道大学図書刊行会，1997年，pp. 138-146。
(12) アイヌ語を使った記憶はないが，幼少期に接しており母語として使える素養を持つ人々。
(13) 他に私設のアイヌ語教室もあり，道外でもアイヌ民族の団体などが講習会を開いている。

(14) 上野昌之「「消滅の危機に瀕する言語」としてのアイヌ語とアイヌ教室」(早稲田大学教育学会『早稲田大学教育学会紀要』2001 年)
(15) 金子亨『先住民族言語のために』草風館, 1999 年, pp. 139-150。
(16) 他にアイヌ語関係では口承文芸継承者育成事業が文化振興事業として設けられている。
(17) 「当該少数民族に属する者は…自己の文化を享有し, 自己の宗教を信仰しかつ実践し又は自己の言語を使用する権利を否定されない」としており, 日本政府は文言通りに「アイヌの人々」はこれら権利の享有を否定されていないと, 消極的肯定論に終始している。
(18) 岡本雅享「自由権規約第二十七条に関する「一般意見」の意義」(『法学セミナー』477 号, 1994 年, p. 71)
(19) 国際労働機関 (ILO) 169 号条約は, 現在までのところ日本は批准していない。
(20) 「先住民族の権利に関する国際連合宣言草案」-第 11 期作業班の構成員が合意したところの宣言草案〈1993 年 7 月 30 日〉(国立国会図書館調査立法考査局『外国の立法』184・185〈32-2・3〉1993 年, p. 24)

第 2 章第 6 節

(1) 辞海編集委員会編『辞海』上海出版社, 1979 年, p. 123。「定住」とは外国で定住権の獲得を指すが, 中国国務院僑務庁は 1998 年から, 日本のような非移民国家の在住中国人において連続 5 年以上就労ビザを獲得ならば, 華僑として認める方針である。
(2) 同前, p. 123。
(3) 菱村幸彦, 下村哲夫『教育法規大辞典』1994 年, エムティ出版, p. 47。
(4) 平成 14 年 6 月法務省入国管理局「平成 13 年度外国人登録の統計」。
(5) 「中文導報」2000 年 11 月 2 日。
(6) 段躍中「日本の新華僑華人について」(東洋大学国際共生社会研究センター『グローバル化する華人社会・チャイナタウン』2002 年, p. 22)
(7) 2002 年度の統計により, 横浜山手中華学校全校 386 名児童・生徒のうち, 中国国籍 170 名, 日本国籍 207 名, その他 9 名。東京中華学校全校 345 名児童・生徒のうち, 中国国籍(台湾を含む) 162 名, 日本国籍 172 名, その他 11 名。
(8) 2002 年度の統計により, 横浜山手中華学校全校児童・生徒 386 人のうち, 日本人は 87 名, 全体の 22.5% を占めている。
(9) 現状では, ほとんどの華僑学校はカリキュラムの中に日本の学校と同じ内容の科目が含まれている。
(10) 朝倉征夫『産業の革新と生涯教育』1999 年, 酒井書店, p. 95。

第2章第7節

（1） （社）日本語教育学会『日本語教育の概観』1995年，p. 24。
（2） 文化庁文化部国語課『平成13年度国内の日本語教育の概要』http://www.bunka.go.-jp/。
（3） 野元弘幸「研究ノート　課題提起型日本語教育の試み―課題提起型日本語学習教材の作成を中心に―」（東京都立大学『人文学報』308号，2000年，p. 31。
（4） 野元弘幸「機能主義的日本語教育の批判的検討―「日本語教育の政治学」試論―」（『埼玉大学紀要，教育学部（教育科学Ⅱ）』第45巻第1号，1996年，pp. 89-97。）
（5） 同前，pp. 90-91。
（6） 同前，pp. 92-95。
（7） 同前，pp. 95-96。
（8） 田中望「地域における日本語教育」（鎌田修・山内博之編『日本語教育・異文化間コミュニケーション―教室・ホームステイ・地域を結ぶもの―』，（財）北海道国際交流センター，1996年，pp. 23-37。）
（9） 同前，pp. 30-31。
（10） 古川ちかし「日本語教師の専門性の再検討」（『日本語学』1993年3月号，明治書院，pp. 4-6。）
（11） 杉戸清樹「もう一つの日本語教育を」（『月刊言語』第24巻第1号，大修館書店，1995年1月，pp. 68-75。）
（12） 前掲『平成13年度国内の日本語教育の概要』。
（13） 『みんなの日本語Ⅰ・Ⅱ』は『新日本語の基礎Ⅰ・Ⅱ』の姉妹編として1998年に出版された。『新日本語の基礎Ⅰ・Ⅱ』同様，内容が整備され学習効率が高いこと，多言語による翻訳・文法解説書が作成・市販されているため，多様な背景を持つ学習者を対象に直接法によって教えられている地域の日本語教室で多く用いられている。
（14） このテキストは，Ⅰ・Ⅱあわせて50課から構成されており，各課の内容は「文型」（できるだけ主語述語の完結している形で提出し，文の基本形を示したもの）を軸に展開され，各課「文型」「例文」「練習A，B，C」「問題」「会話」から構成されている。「会話」では，「文型」の機能に加え場面が強調されており，このテキストが目的とする「日常生活の基本的場面におけるコミュニケーション」のモデルに相当する。
（15） 広崎純子「初級日本語教科書における会話文の分析―地域の日本語教室における利用の可能性―」（早稲田大学教育総合研究所公募研究B-1部会『多文化教育の研究―実践の模索―』2002年2月，pp. 90-99。）
（16） 前掲「機能主義的日本語教育の批判的検討」，2000年，p. 94。
（17） 山田泉『異文化適応教育と日本語教育2，社会派日本語教育のすすめ』凡人社，1996年，pp. 17-31。

(18) 野元弘幸「多文化社会における教養の再構築―外国人住民の非識字問題を中心に―」(『教育学研究』第66巻第4号，1999年12月，日本教育学会，pp. 58-64。)
(19) 春原憲一郎「国内における日本語ネットワーキングの必要性」((社)日本語教育学会『ひろがる日本語教育ネットワーク』大蔵省印刷局，1995年，pp. 16-33。)

第2章第8節
(1) 野元弘幸「社会教育における日本語・識字教育の現状と課題」(『月刊社会教育』467号，国土社，1995年，p. 6)
(2) 田村太郎『多民族共生社会日本とボランティア活動』明石書店，2000年，p. 50。

第3章第1節
(1) 1994年以前，台湾の先住民族に対しては，「蕃」(日本占領時代からの踏襲)のかわりに，「土着」「高山族」「山地民族」や「山地同胞」などの用語が散見され，差別的意味にあふれていた。そして，1980年代の原住民権利回復運動および1994年の憲法改正によって，原住民族の自己決定に基づき，「原住民族」は定着用語となっている。
(2) 『認識台湾』は「社会編」「歴史編」「地理編」の三編があり，そのなかの「歴史編」が『台湾を知る―台湾国民中学歴史教科書』(蔡易達・永山英樹訳，雄山閣，2000年)をタイトルとして日本語版に訳される。
(3) 張茂桂「台湾是多元文化国家？！」『文化研究月報』第13集のホームページ，http://www.ncu.edu.tw/~eng/csa/journal/journal_park86.htm を参照。2003年1月8日現在。
(4) 行政院教育改革審議委員会『教育改革総諮議報告書』行政院研究発展考核委員会，1997年，p. 12。
(5) 教育思想史学会『教育思想事典』勁草書房，2001年，pp. 192-194。
(6) 呂枝益「教科書中族群偏見的探討与革新」『原住民教育季刊』第17期，台東師範学院原住民教育研究中心，2000年2月，pp. 36-42。
(7) 王甫昌「民族想像，族群意識与歴史―『認識台湾』教科書争議風波的内容与脈絡分析」『台湾史研究』8 (2)，中央研究院台湾史研究所籌備処，2001年12月，p. 150。
(8) なかには2つ以上のテーマを含めると，それぞれ加算されたため，合計割合が100%を超えているわけである。
(9) 「認識台湾教材，修改争議字句」『聯合晩報』1997年6月24日付，および平松茂雄「台湾の歴史教科書『認識台湾』と李登輝政権の歴史観」『月刊 台湾青年』417，台湾独立建国連盟日本支部，2001年1月5日，p. 22。
(10) 笠原政治「『認識台湾』の台湾原住民に関する記述」『台湾原住民研究』第5号，日本順益台湾原住民研究会，2000年，p. 135。

(11) 王前龍「国民中学『認識台湾（社会編）』教科書中之国家認同論述-従自由主義与民族主義的観点来解析」『教育研究集刊』45，師大書苑，2000年7月，pp. 156-157。
(12) Hoare, Q. & Smith, G. N., Selection from the Prison Notebooks of Antonio Gramsci, Lawrence and Wishart, London, 1971, pp. 254-256。
(13) 黄淑英「国中『認識台湾（歴史編），（社会編）』教材内容分析-以族群関係教育観点為中心」『歴史教育』7，国立台湾師範大学歴史学系，2000年12月，pp. 133-142。

第3章第2節
〈注〉本節において参考及び引用したハングル文献は題名，出版元などについて日本語に翻訳し，著者をカタカナで表記することで区別する。また，教育令条項や新聞記事においては原文を元に著者がその内容を要約し，翻訳においては原文に書かれている漢字を優先して訳した。
（1）日帝下の国号が朝鮮で，朝鮮総督府が設置され，日本の朝鮮植民地支配が始まったため，本節では以下朝鮮とする。
（2）稲葉継雄「旧韓国における教育の近代化とお雇い日本人」，阿部洋編『日・韓教育文化交流と摩擦』東京：第一書房，1983年，p. 107。
（3）朝鮮総督府学務部編，『朝鮮学事例規』，京成：朝鮮教育会，1938年参照。
（4）従来外国語教育で主に使われた代役法から直接法に変わった。日本は1889年代台湾での公学校設立に伴って，フランスのGouin methodを導入してから，日本語普及のためこの教授法を使用した。
（5）成人用と子供用に区分されている。その内容とは，成人用：①我々は皇国臣民である。忠誠をもって君国に報答する。②お互いに信愛協力し，団結する。③忍苦鍛錬力を育て，皇道を宣揚する。子供用：①我々は大日本帝国の臣民である。②心を合わせ天皇陛下に忠義を尽くす。③忍苦鍛錬し，立派な強い国民になる。
（6）第3次朝鮮教育令の則令103号参照。
（7）森山戊徳「現地新聞と総督政治-〈京成日報〉について」『近代日本と植民地7』岩波書店，1993年，p. 30。
（8）宮田節子『朝鮮民衆と皇民化政策』未来社，1985年，pp. 50-56。
（9）第一次朝鮮教育令の施行規則第10条と第2次改正教育令の施行規則第10条（普通学校）と高等普通学校規定第23条）を参考。
（10）第3次改正教育令の小学校規定第30条と中学校規定第10条，第4次改正教育令の国民学校規定第33条と中学校規定11条を参考。
（11）近藤釰一『太平洋戦下の朝鮮及び台湾』友邦協会，1963年，p. 20。
（12）キム・マンゴン「日帝の韓国言語政策」『国語教育研究1』1972年，p. 37。キム・サンウン『日帝は朝鮮をどれほど滅ぼしたのか』ソウル：サラムとサラム，1998年，p.

223。近藤釰一『太平洋戦争下終戦末期朝鮮の政治』東京：朝鮮史研究会，1961 年，pp. 199‑200. を参考にして，この表は朝鮮人の総人口から日本語を理解する朝鮮人の数を％化して作ったものである。
(13) この時期朝鮮語で書かれ，朝鮮人によって作られていた代表的な新聞である朝鮮日報と東亜日報 2 社の記事を中心にまとめる。
(14) 普通学校規則第 10 条，『朝鮮現行法規大典第 8 編』1911 年，参照。
(15) パク・ソンイ（朴　晟義）「日帝下の言語・文化政策」『日帝の文化侵奪史』亜細亜問題研究所，1996 年，p. 238。
(16) 1937 年 8 月 31 日に公私立高等普通学校の朝鮮語及び漢文読本のなかの漢文課程は 9 月 1 日から廃止するという総督府令 131 号が決定・発布された。
(17) ヤン・トンジュ（梁　東柱）『抗日学生史』ソウル：青坡出版社，1956 年，pp. 37‑38。
(18) 豊田国夫『民族と言語の問題』錦正社，1964 年，p. 146。

第 3 章第 3 節

（ 1 ） グラント，C. A.，ラドソン＝ビリング，G. 編著，中島智子他監訳『多文化教育事典』明石書店，2002 年，pp. 185‑187。
（ 2 ） 朝倉征夫「実践に向けての多文化教育研究の必然性と多文化教育概観」（早稲田大学教育総合研究所公募研究 B‑1 部会『多文化教育の研究―実践の模索―』2002 年，pp. 1‑8。）
（ 3 ） Banks, J. "Multicultural Education : Characteristics and Goals", (Banks, J. & Banks, C. H. M. (eds.) *Multicultural Education : Issues and Perspectives*, Allyn and Bacon, 1997, pp. 3‑31.), pp. 3‑4.
（ 4 ） 朝倉征夫『多文化教育――元的文化，価値から多様な文化，価値の教育へ―』成文堂，1995 年，p. 5。
（ 5 ） 孝忠延夫「インド憲法における『国家と自由』」（古賀正則他編『現代インドの展望』岩波書店，1998 年，pp. 27‑48。）pp. 44‑45。
（ 6 ） 山崎元一『インド社会と新仏教』刀水書房，1979 年，p. 8。
（ 7 ） 同前，p. 230。
（ 8 ） Govinda, R. (ed.), *India Education Report : A Profile of Basic Education*, Oxford University Press, 2002, pp. 72‑86.
（ 9 ） *Census of India 1991, Series1‑India, Paper I of 1997, Language, TableC‑7, India and States*, Government of India, 1991. p. 8.
（10） *Crusade Against Illiteracy : A Collection of Success Stories on Adult Education*, Directorate of Adult Education, Government of India, 1987, p. 20, pp. 40‑41.

(11) Reddy, M. G., et. al. *Total Literacy Campaign of Visakhapatnam District : An Evaluation Report*, Andhra University, 1994, pp. 9, 17-18.
(12) Ministry of Human Resource Development, Department of Education, *Programme of Action : national policy on education 1986*, Government of India, 1986, p.112.
(13) Nambissan, G. B., "Language and Schooling of Tribal Children : Issues Related to Medium of Instruction", *Economic and Political Weekly*, 1994, Oct. 15, pp. 2747-2754.
(14) *Frontline*, Vol. 15-Issue18, 1998.
(15) 関根康正「他者を自分のように語れないか？―異文化理解から他者了解へ―」(杉島敬志編『人類学的実践の再構築―ポストコロニアル転回以後』世界思想社，2001年，pp. 322-354。), p. 329。
(16) Smith, B. K. "Memory and India's Identity Crisis" *India and South Asia*, 1995. pp. 82-85.
(17) *Frontline*, Vol. 19-Issue22, 2002.
(18) 弘中和彦「インドにおける国民統合教育政策の展開―連邦政府の行動を中心に―」(九州大学教育学部附属比較教育文化研究施設『比較教育文化研究施設紀要』1992年，第43号，pp. 1-23。)
(19) Rudolph, L. I. & Rudolph, S. H. "Rethinking Secularism : Genesis and Implications of the Textbook Controversy, 1977-79" *Pacific Affairs*, 1983, Vol. 56. No. 1, pp. 15-37.
(20) Advani, S. "Educating the National Imagination" *Economic and Political Weekly*, 1996, Aug. 3, pp. 2077-2082., フェロー，M. 著 大野一道訳「4インドアイデンティティなき歴史」(『新しい世界史［新版］―世界で子供たちに歴史はどう語られているか―』藤原書店，2001年，pp. 85-119。)
(21) Ministry of Human Resource Development, Department of Education, *National Policy on Education-1986*, Government of India, 1986, p. 4.

第3章第4節

(1) 一般にディスコースの概念は多義的であり，言語学，社会学などを中心に様々に定義されているがここではフェアクローの「テクストを一部として含む相互やり取り (interaction) のすべての過程」としたい。Fairclough, N. *Language and Power*. Essex : Longman. 1994, p. 24.
(2) Fairclough, N. and Wodak R. "Critical Discourse Analysis" (T. A. van Dijk (ed), *Discourse as Social Interaction*. Longman : Sage, 1997, p. 258
(3) Martin, J. R. "Close reading : functional linguistics as a tool for critical discourse analysis" (in Unsworth, L. *Researching Language in Schools and Communities Functional Linguistic Perspectives*, Cassell, 2000), Paltridge, B. *Making Sense of*

Discourse Analysis, Gerd Stabler, 2000, Janks, H. *Language, Identity & Power*, Witwatersrand University Press, 1993 など

（4）野呂香代子「クリティカル・ディスコース・アナリシス」（野呂香代子，山下仁編著『『正しさ』への問い　批判的社会言語学の試み』三元社，2001 年，p. 23 邦文では最もまとまったクリティカル・ディスコース分析の解説となっている。

（5）泉子・K・メイナード「クリティカル・ディスコース分析　若者向け雑誌における語りかけと性差」『談話分析の可能性　理論・方法・日本語の表現性』くろしお出版，1997 年，pp. 221-245　クリティカル・ディスコース分析を使った研究が丁寧に説明されている。

（6）homepage address：: http://www.mcgraw-hill.com.au/homepage.htm

（7）ここで取り上げる分析対象は一種類の教科書のさらに一部であるが，限られた紙幅のうちで本節の目的であるクリティカル・ディスコース分析による教科書分析の可能性を示すためには妥当な量といえるだろう。

（8）白人の入植以来 50 万人から 100 万人いたとされる先住民は一時期 7 万人にまで減少したといわれる。また，投票権に関しては連邦成立当時有色人種はもとより女性にも投票権はなかった。先住民の投票権獲得は第二次世界大戦後，今からおよそ 40 年前のことである。

（9）現実にオーストラリアが投票によって連邦を成立させたということは，当時からオーストラリアが民主的であったことの証拠として現在も語られることが多い。2001 年の連邦政府による 100 周年祝福テレビキャンペーンのなかでも，アメリカの初代大統領を知りながらも，初代オーストラリア首相の名前を知らないオーストラリア人が多い理由を民主的な独立過程であったためだと説明している。

第 3 章第 5 節

（1）『読売新聞』2001 年 1 月 10 日（朝刊）。
（2）『朝日新聞』1993 年 12 月 26 日（朝刊）。
（3）『朝日新聞』2000 年 6 月 1 日（朝刊）。
（4）経済企画庁編『国民生活白書（平成 5 年版）』大蔵省印刷局，1993 年，pp. 71-74。
（5）なお，今日の日本の学校における在日韓国・朝鮮人教育のあり方として，民族学習と韓国・朝鮮理解という二つの実践の統合の視点を提示している論文に中島智子「『国内理解』と『国際理解』」（異文化間教育学会編『異文化間教育』No. 2，1988 年所収）p. 64. がある。
（6）Senate Standing Committee on Education and the Arts, *A National Language Policy*, Australian Government Publishing Service (AGPS), 1984, p. 3.
（7）Joseph Lo Bianco, *National Policy on Languages*, AGPS, 1987, p. 268. なお，これらの

10校では Walmadjarri, Kukatja,Kija, Nyangumarta, Martuwanga, Mirriwung, Bardi, Djaru, Wadjarri などのアボリジニ諸語が教えられている。こうしたカトリック系の学校以外には州立の学校と私立のコミュニティ・スクールがある。

(8) Ministry of Education, *Western Australian Aboriginal Education Strategic Plan, for the Triennium, 1993 – 1995*, 1992, p. 23.
(9) Ibid., pp. 3 – 4.
(10) Mckay, G., the Land Still Speaks, *Commissioned Report*, No. 44, National Board of Employment, Education and Training, AGPS, 1996, p. 3.
(11) McKay, G., op. cit., p. 142.
(12) Hudson, J.,Framework for the Teaching of Aboriginal Languages in Primary Schools,in Hartman, D.and Henderson, J. (eds.), *Aboriginal Languages in Education*, Institute for Aboriginal Department (IAD) Press, 1994, p. 165.
(13) McKay, G., op. cit., pp. 142 – 143.
(14) Hudson, J., op. cit., p. 165.
(15) Ibid., p. 165.
(16) Ibid., pp. 169 – 170 および McKay, G., op. cit., pp. 143 – 144.
(17) McKay, G., op. cit., p. 145.
(18) *Nyoongah Language Programme*, 14th., Sept., 1995 (L初等学校の内部資料)、または1996年8月2日、8日の2日間にわたるヌガ語学習の参与観察、および言語スペシャリストのM、言語アドバイザーのLへのインタビューを通じて得られた情報より。
(19) 2000年6月27日、T初等学校第4学年におけるヌガ語学習の参与観察、および同校校長へのインタビューから得られた情報より。
(20) McKay, G., op. cit., p. 144.
(21) T初等学校校長へのインタビューから (2000年6月27日)。
(22) T初等学校校長へのインタビューから (2000年6月27日)。

索 引

あ

アイデンティティ　65, 158
アイヌ語　69
アイヌ語教室　69
アイヌ文化振興法　70
アイヌ民族　65, 66
アボリジニ　152
アボリジニ語学習　156
一条校　76, 77
インクルージョン　43
ヴァーチャル・ユニバーシティー　25, 29
英語以外の言語　150
オーストラリア　139
オーストラリア人　146

か

外国籍住民　102
会話場面　90
華僑　75, 80
各種学校　76, 85
華人　75, 80
華人化　80, 81
ガラスの天井　12
関係性の固定化　94
看護職　62
感情労働　59
基本的人権　104
キャリア教育　63
九年一貫新課程　117
教育アスピレーション　11
教育観　38, 39
教育の自立　9
教科書　144
教授法　121
郷土教育　117
居住中心主義　5, 6, 141
ケア　56, 58
言語権　52
言語スペシャリスト　155
言語的少数者　47
言語の階層制　133
言語の復興　72
原住民　108
権力関係　139, 140
公開講座　27
皇国臣民　122
皇国臣民誓詞　122
高等普通学校　124
神戸連続児童殺傷事件　15
公民館　105
国語愛用箱　125
国際交流協会　99
国際交流講座　103
国際化推進プラン　97
国籍中心主義　5
国体明徴　122
国民国家　64
国家の言語政策　151

さ

在日華僑　77

酒鬼薔薇聖斗　13
差別　68
ジェンダー　58, 62
識字　34, 41
自己の二重化の働き　16, 17
自民族中心主義　110
社会教育　105
社会進化論　147
社会的結合　8
従来の日本語教育　87
宗教的マイノリティ　136
手話・口話論争　50
障害者差別禁止法　45
障害学　45
省籍コンプレックス　112
情報化　29
新華僑　75, 81, 82
人工内耳　51
生活相談　97
先住民族　64, 70
先天的な能力　11
戦争責任　114
総合学習　159
族群融合　115

た

大学改革　25
大学開放　24
大学授業　39, 40
多言語主義　129
多人種学校　10
多人種教育　8
多文化教育　25, 140
脱日本化　111

地域日本語教育　94
地域日本語教室　90
中華文化　83
朝鮮教育令　121, 122
徴兵制　123
通過儀礼・イニシエーション　17
ティーム・ティーチング　154
同化政策　69, 123
透明な存在　18, 19
トライブ　130, 134

な

内鮮一体　122
内鮮共学　121
ナショナルカリキュラム　136, 137
名づけ　20
西オーストラリア州　151
二重化的統合・超出　16, 21
日本華僑社会　79, 84
日本語学習　102
日本語テキスト　90
忍苦鍛錬　122
ヌガ語プログラム　157

は

配慮と責任の道徳性　57, 63
発達段階　57
発話意図　90
バーンアウト　61
ひとつの教育　9
批判的識字力　139, 140
ヒンドゥー至上主義　136
不可触民　130
不可触民制　132

普通学校　　121, 124
文化的価値　　139, 140
文化的，言語的権利　　5, 6
文化的多様性　　8
福佬（閩南）人中心主義　　111
ボランティア　　99
本命（名）　　20

ま

＜まねび＞＜まなび＞＜ならい＞　　16
民主主義的文化的多元主義　　3, 8
民族教育　　84
民族の権利　　72

無文字社会　　67

や

夜間中学校　　34, 36
ユネスコの学習権宣言　　104
四大族群　　111, 112, 115

ら

李登輝　　109
歴史教育　　67
老華僑　　75
ろう文化宣言　　47
LOTE 教育　　151

<執筆者紹介>

＊朝倉　征夫	（早稲田大学教育学部教授，博士（文学））		[1章1節]
前田　耕司	（早稲田大学教育学部教授，博士（教育学））		[3章5節]
坂内　夏子	（早稲田大学教育学部助教授，博士（教育学））		[2章3節]
米村　健司	（早稲田大学教育学部専任講師，博士（教育学））		[1章2節]
内山　宗昭	（工学院大学助教授，文学修士）		[2章1節]
楊　　武勲	（早稲田大学教育学部非常勤講師，文学修士）		[3章1節]
辻　　智子	（早稲田大学教育学部非常勤講師，修士（教育学））		[2章2節]
荻野　佳代子	（早稲田大学教育学部非常勤講師，修士（教育学））		[2章4節]
末永　ひみ子	（早稲田大学教育学部助手，修士（教育学））		[3章3節]
相沢　文江	（昭島市公民館社会教育主事）		[2章8節]
上野　昌之	（東京都立新宿山吹高等学校，文学修士）		[2章5節]
李　　坪鉉（イ　ホヒョン）	（早稲田大学大学院博士後期課程，修士（教育学））		[3章2節]
渡辺　幸倫	（大東文化大学，立教大学非常勤講師，修士（教育学））		[3章4節]
裴　　暁蘭	（早稲田大学大学院博士後期課程，修士（教育学））		[2章6節]
広崎　純子	（国士舘大学非常勤講師，修士（教育学））		[2章7節]

＊…編者

カット：亀井史枝，亀井雄暉

多文化教育の研究
——ひと，ことば，つながり——　　　　　　　　　　　　　　　　　　　[早稲田教育叢書]

2003年9月10日　第1版第1刷発行

編著者　朝　倉　征　夫

編修者　早稲田大学教育総合研究所
　　　　〒169-8050　東京都新宿区西早稲田1-6-1　電話　03（5286）3838
発行者　田　中　千津子
　　　　　　　　　　　　　　　　　　　　〒153-0064　東京都目黒区下目黒3-6-1
発行所　株式会社　学文社　　　　　　　　　　　　　　　電　話　03（3715）1501（代）
　　　　　　　　　　　　　　　　　　　　　　　　　　　Ｆ Ａ Ｘ　03（3715）2012
　　　　　　　　　　　　　　　　　　　　　　　　　　　http://www.gakubunsha.com

© Isao Asakura 2003　　　　　　　　　　　　　　　　　　　　　印刷所　シナノ
乱丁・落丁の場合は本社でお取替します
定価はカバー・売上カードに表示

ISBN 4-7620-1257-2

早稲田教育叢書

早稲田大学教育総合研究所　編修

子どもたちはいま──産業革新下の子育て
　　　　　　　　　　　　　　　　朝倉征夫編著　本体 2100 円

学校知を組みかえる──新しい"学び"のための授業をめざして
　　　　　　　　　　　　　　　　今野喜清編著　本体 2200 円

子どものコミュニケーション意識
　　　　　──こころ，ことばからかかわり合いをひらく
　　　　　　　　　　　　　　　　田近洵一編著　本体 2100 円

学校社会とカウンセリング──教育臨床論
　　　　　　　　　　　　　東清和・高塚雄介編著　本体 2000 円

大学生の職業意識の発達──最近の調査データの分析から
　　　　　　　　　　　　　東清和・安達智子編著　本体 1800 円

教師教育の課題と展望──再び，大学における教師教育について
　　　　　　　　　　　　　　　　鈴木　慎一編　本体 2000 円

コンピュータと教育──学校における情報機器活用術
　　　　　　　　　　　　　　　　藁谷　友紀編　本体 1500 円

数学教育とコンピュータ
　　　　　　　　　　　　　　　　守屋　悦朗編　本体 2300 円

ファジィ理論と応用──教育情報アナリシス
　　　　　　　　　　　　　　　　山下　　元編　本体 1700 円

英語教育とコンピュータ
　　　　　　　　　　　　　　　　中野美知子編　本体 1700 円

経済学入門──クイズで経済学習
　　　　　　　　山岡道男・淺野忠克・山田幸俊編著　本体 1700 円

環境問題への誘い──持続可能性の実現を目指して
　　　　　　　　　　　　　　　　北山雅昭編著　本体 2000 円

国語の教科書を考える──フランス・ドイツ・日本
　　　　　　　　　　　　　　　　伊藤　　洋編著　本体 2100 円

ジェンダー・フリー教材の試み──国語にできること
　　　　　　　　　　　　　　　　金井景子編著　本体 2100 円

国語教育史に学ぶ
　　　　　　　　　　　　　　　　大平　浩哉編　本体 1700 円

新時代の古典教育
　　　　　　　　　　　　　　　　津本　信博編　本体 1800 円

「おくのほそ道」と古典教育
　　　　　　　　　　　　　　　　堀切　　実編　本体 1800 円